Gehaltsverhandlungen erfolgreich führen

Gehaltsverhandlungen erfolgreich führen

Von Helmut Lanner

humboldt-Taschenbuch 784

Der Autor:
Helmut Lanner, viele Jahre Personalchef und Dozent in der Erwachsenenbildung, verfaßte eine Reihe erfolgreicher Sachbücher, vor allem zum Thema Beruf und Karriere.

Umwelthinweis: gedruckt auf chlorfrei gebleichtem Papier

Hinweise für den Leser:
Alle Angaben wurden von Autor und Verlag sorgfältig recherchiert bzw. überprüft. Eine Gewähr kann dennoch nicht übernommen werden.

Umschlaggestaltung: Wolf Brannasky, München
Umschlagfotos: Tony Stone, München; Fotograf: Bill Robbins (Umschlagvorderseite); Fotostudio Peter Bornemann, München (Umschlagrückseite)

© 1995 by Humboldt-Taschenbuchverlag Jacobi KG, München
Druck: Presse-Druck Augsburg
Printed in Germany
ISBN 3-581-66784-3

Inhalt

Vorwort	9

Kapitel 1
Die Beurteilung der eigenen Situation — 10

Was müßte Ihre Position an Einkommen bringen?	10
Was bringt eine Gehaltsverhandlung in Ihrer jetzigen Position?	11
Ein höheres Gesamteinkommen durch Stellenwechsel?	12
Kennen Sie Ihre Chancen?	13
Die Entwicklung dem Lebenszyklus anpassen	14
Mut zum Aufbruch gewinnen	16
Einkommensverbesserungen konkret planen	17
Checkliste: Ist jetzt der richtige Zeitpunkt, an eine Gehaltserhöhung zu denken?	18

Kapitel 2
Was wird verhandelt? — 20

Die Problematik der Gesamtvergütung	20
Vorteile eines »Aufstiegs im Unternehmen«	22
Was erreichen »Hochwechsler«?	23
Die Rolle von Arbeitsbewertungen und Beurteilungen	24
Welches Risiko bleibt?	25
Karriere oder mehr Beschaulichkeit?	26
Was ist der Preis für die Gehaltserhöhung?	27
Resultate sprechen lassen!	28
Checkliste: Lohnen Aufwand und Risiko das zu erwartende Ergebnis?	30

Kapitel 3
Was haben Sie zu bieten? 32

Die Frage des Engagements	32
Die wesentlichen Mitarbeitereigenschaften	33
Die Problematik der Beurteilung	36
Was bringt Kooperationsbereitschaft oder Härte?	37
Überlegungen zu Schwachstellen	38
»Verkaufsargumente« in der Gehaltsverhandlung	39
Konkurrenten ausschalten können	40
Was bieten Sie sonst noch?	41
Checkliste: Stimmt mein »Verkaufsangebot« in der Gehaltsverhandlung?	42

Kapitel 4
Wie präsentieren Sie sich optimal? 44

Die Rolle des Selbstbewußtseins	45
Besser und eindringlicher sprechen lernen!	45
Der Aufbau eines Positiv-Images	47
Wie zeigt man Kreativität, ohne anzuecken?	48
Haben es Frauen besser?	49
Sich der Macht beugen?	50
Die Zukunft planen	51
Checkliste: Trete ich optimal auf?	52

Kapitel 5
Strategie und Taktik erfolgreicher Gehaltsverhandlungen 53

Ziel ist immer der bessere Vertragsabschluß	54
Mit dem richtigen Partner sprechen	55
Keine vorschnellen, impulsiven Entscheidungen!	56
Die Rangordnung der Bestandteile Ihres Angebots	57
Stärken zeigen, nicht Schwachpunkte verteidigen	59
Zeigen, was Sie heute und morgen wert sind!	60
Leistungsbeurteilungen systematisch beeinflussen	61
Mut zu Veränderungen	62
Den Bogen nicht überspannen!	64

Checkliste: Gehe ich bei Gehaltsverhandlungen
optimal vor? 66

Kapitel 6
Die spezielle Technik von Gehaltsverhandlungen 67

Gehaltszusammenstellungen auswerten 68
Die Argumente vorbereiten 69
Mentale Vorbereitung auf alle Eventualitäten 71

Gehaltsverhandlungen bei der Einstellung von Berufsanfängern 72
Fall 1: Außerordentliche Lohnerhöhung für
einen Auszubildenden? 73
Fall 2: Lohnverhandlung von Berufsanfängern auf der
Facharbeiterebene 74
Fall 3: Einkommensverhandlung bei Anfangs-
stellungen von mittleren Führungskräften 75
Fall 4: Gehaltsverhandlung von Sachbearbeitern
für Büro, Betrieb und Dienstleistungen 77
Fall 5: Gehaltsverhandlung bei Erstpositionen von
Diplom-Ingenieuren und -Kaufleuten 79

Gehaltsverhandlungen beim Stellenwechsel 84
Fall 6: Stellenwechsel von Facharbeitern –
mehr verdienen als vorher 84
Fall 7: Gehaltsverhandlung mittlerer Führungskräfte
beim Stellenwechsel 86
Fall 8: Besonderheiten der Gehaltsverhandlung
beim Wechsel auf der Sachbearbeiterebene 89
Fall 9: Stellenwechsel und Gehaltsverhandlung von
diplomierten Fachleuten 93
Fall 10: Gehaltsverhandlung erfahrener Führungskräfte und Hochschulabsolventen 95

Verhandlungen zur Gehaltserhöhung in gesicherten Positionen 98
Fall 11: Innerbetriebliche Lohnverhandlung auf
Facharbeiterebene 98

Fall 12: Innerbetriebliche Gehaltsverhandlung von
Sachbearbeitern ... 101
Fall 13: Gehaltsverhandlung von Diplom-Ingenieuren
und -Kaufleuten bei innerbetrieblichen Veränderungen ... 104
Fall 14: Gehaltserhöhung von Spitzenkräften ... 106

Die Absicherung von Verhandlungsergebnissen ... 109
Was unternehmen, wenn die Verhandlung scheiterte? ... 112

Checkliste: Habe ich in der Gehaltsverhandlung
meine Möglichkeiten ausreichend genutzt? ... 114

**Für ganz eilige Leser:
Wie führe ich erfolgreich eine Gehaltsverhandlung?** ... 119

Eine Zusammenfassung in 10 Stufen ... 119

**Gehälter und Einkommen der Bundesbürger
und -bürgerinnen (Stand 1995)** ... 121

Literaturverzeichnis ... 124

Register ... 125

Vorwort

Wer kommt mit seinem Einkommen schon aus?
Es soll ja Spar- und Einteilungsgenies geben, die kaum Bedürfnisse haben und mit wenig Geld zurechtkommen. Wir Normalsterblichen gehören sicher nicht dazu.
Wenn aber die eigenen Verpflichtungen zunehmen, die Folgen von Teuerung und niedrigen Tarifabschlüssen sich immer gravierender auswirken – spätestens dann fragen Sie sich, ob die Möglichkeiten aus Lohn und Gehalt voll ausgereizt sind. Für die meisten Menschen kommt das verfügbare Arbeitseinkommen aus diesem Bereich, besonders, wenn Nebentätigkeiten vertraglich zumindest stark eingeschränkt sind und zusätzliche Einkünfte aus Vermögen fehlen.
Sie werden verhandeln müssen, konsequent und geschickt, besser als in jedem anderen Lebensbereich. Wer einfach anmarschiert und »Chef, ich brauch' mehr Geld« sagt, wird sein Ziel kaum erreichen.
Gehaltsverhandlungen sind immer sorgsam zu planen und vorzubereiten, ganz egal, ob es sich um das Vorstellungsgespräch bei einer Ersteinstellung handelt, ob beim Stellenwechsel ein besseres Gehalt ausgehandelt werden soll oder ob Sie in einem bestehenden Arbeitsverhältnis ein höheres Einkommen erzielen wollen. Gerade dabei ist besonders geschickt vorzugehen, will man seine Vorstellungen realisieren und das Gespräch positiv abschließen.
Gehaltsverhandlungen sind immer schwieriger, als man vorher glaubt. Dieses Buch zeigt Ihnen Erfahrungen, Erfolge und vermeidbare Fehler auf, die aus den unterschiedlichsten Situationen des Arbeitslebens stammen. Für Sie ist mehr drin, als Sie glauben. Aber – nichts ist umsonst – auch eine Gehaltserhöhung muß »verdient« sein.

Autor und Verlag wünschen viel Erfolg!

Kapitel 1
Die Beurteilung der eigenen Situation

Es ist ein Faktum, daß sich nichts in unserer Umwelt schneller beschleunigt hat als der Wandel der Arbeitswelt. Das bedeutet vor allem, daß Informationen maximal drei Monate alt sein dürfen und Ihr Vorhaben – gleich ob Stellenwechsel mit höherem Gesamteinkommen oder eine erfolgreiche Gehaltsverhandlung – nach sechs Monaten abgeschlossen sein muß. Gelingt Ihr Vorhaben in diesem Zeitraum nicht, so sind alle zusammengetragenen Daten in Frage zu stellen und neue Grundlagen zu erarbeiten.
Aber auch ohne diesen Zwang zu konsequentem, gezieltem Vorgehen ist es nötig, bei einem zweiten »Anlauf« – falls dann überhaupt noch eine Chance besteht – mit einem verbesserten Konzept anzutreten. So werden die ersten Überlegungen zur Beurteilung der Situation bereits in einen harten Zeitplan gepreßt – sie müssen innerhalb eines Monats abgeschlossen sein.

Was müßte Ihre Position an Einkommen bringen?

Sie wollen natürlich den besten Preis für Ihre Arbeitskraft erzielen. Wie hoch ist der eigentlich im Moment? Darüber geben frei zugängliche Unterlagen Auskunft:
- Am verläßlichsten sind periodisch erscheinende Zusammenstellungen großer Personalberatungsfirmen, von denen Auszüge in den großen Wochenzeitungen (*Welt am Sonntag* u.a.) veröffentlicht werden. Über Jahre systematisch gesammelt, zeigen sie deutliche Trends. Wichtig ist, daß nicht Gehälter genannt werden, sondern Jahresgesamtbezüge.
- Illustrierte und andere wöchentlich erscheinende Zeitschriften bringen oft Zusammenstellungen von monatlichen Bezü-

gen, zwar gut recherchiert, aber ohne Einbeziehung von Vergünstigungen, die die Jahresgesamtbezüge beachtlich verändern können. Eine als Grundlage brauchbare Hochrechnung ist aber durchaus möglich, indem Sie Ihre eigenen Werte einsetzen.
- Berufsbezogene Zeitschriften bringen meist jährlich eine Aufstellung der Einkommen, gestaffelt nach Tätigkeiten und der Dauer der Berufserfahrung. Diesen Werten können die hochgerechneten Werte aus den Tarifverträgen gegenübergestellt werden oder die Werte aus den Listen für Beamte und öffentlich angestellte Personen, bei denen jedoch die fehlenden Sozialversicherungsbeiträge und die relativ hohen Pensionen berücksichtigt werden müssen.

Ungeeignet für die Ermittlung des möglichen Einkommens sind Absolvententreffen, bei denen die Erfolgreichen tiefstapeln und die anderen sich »in die Tasche lügen«. Für die »Feinabstimmung« heißt es, die Ohren öffnen und vorsichtig »herumhören«. Marktforschung beginnt nun mal so.

Sie müssen Ihren Marktpreis kennen, auch um diesen verändern zu können. Hier einen realistischen Basiswert zu haben, ist eine unverzichtbare Grundvoraussetzung für jede Verhandlung. Wie man dann die tatsächliche Obergrenze feststellt – davon später.

Was bringt eine Gehaltsverhandlung in Ihrer jetzigen Position?

Angenommen, es stehen Entlassungen an. Das Lean Management, Straffungen und Einsparungen finden immer neue Opfer. Dann kommen Sie und sagen: »Chef, ich brauch' mehr Geld.« Wollen Sie wirklich die Erste/der Erste sein, der/dem gekündigt wird?
Es ist eine alte, bewiesene Erfahrung, daß in Krisenzeiten die Unternehmen der Zukunft gegründet und die vorhandenen saniert werden. Damit verbunden ist, daß diejenigen, die zu dieser Tätigkeit fähig sind – beginnend in der Forschung über die Organisation bis zur Rationalisierung am Arbeitsplatz – und die

bereit und willens sind, neue Wege zu gehen, sprunghaft höhere Gehälter und Gesamteinkommen erwirtschaften können.

Eine derartige Tätigkeit finden Sie dort, wo Unternehmen die entsprechend formulierten Fähigkeiten händeringend suchen, gerade in Zeiten der Arbeitslosigkeit und der Entlassungen: in den Anzeigenspalten von Wochenzeitungen und Fachblättern. Dort wird haarklein präsentiert, welche Eigenschaften und Fähigkeiten die Personen haben sollen, gegen die man Sie austauschen und in die Wüste schicken will.

In den Stellenbeschreibungen der Stellenanzeigen können Sie nachlesen, welche Wunschbilder an das Eignungsprofil von Persönlichkeiten geknüpft werden, denen man viel, sehr viel Geld mehr zu bieten bereit und in der Lage ist, als man das für Sie ausgeben will – falls man Sie mit einem veralteten Eignungsspektrum überhaupt noch brauchen kann.

Firmen sind oft so unter Zeitdruck, diese Personen zu finden, daß sie die Jahreseinkommen angeben, die diese Posten wert sind.

> Ohne Gegenleistung wird Ihnen Ihr Chef/Ihre Chefin nicht mehr Geld geben. Wenn Sie in Ihrer »alten« Firma glaubhaft darstellen können, daß Sie – oft zusätzlich – die gesuchten Fähigkeiten haben oder entwickeln können, so sieht Ihre Chance, in Ihrer Firma mehr Gesamteinkommen zu erhalten, schon ganz anders aus.

Wird Ihre Firma da mitmachen? Wird sie Ihnen das zutrauen, was Sie für die Zukunft versprechen? Es bleibt ein ganz beachtliches Maß an Unsicherheit. Nur die Offensive bringt eine Absicherung.

Ein höheres Gesamteinkommen durch Stellenwechsel?

Keine Frage – um mehr Geld, ein neues, besseres Lebensgefühl sowie bedeutendere und interessantere Aufgaben zu bekommen, ist der Stellenwechsel in der Regel die bessere Alternative. Wenn Sie aber Zwängen unterliegen, gleich welcher Art, so versuchen Sie sich in Ihrem Unternehmen »hochzuschaukeln«. Es geht sicher, nur ist es schwerer, langwieriger, es verlangt mehr psychologisches Geschick.

In jedem Fall wird dringend zur Absicherung geraten. Sie müssen damit rechnen, daß Sie am Ende die Stelle wechseln, wenn Sie ein höheres Gesamteinkommen erzielen wollen. Das ist nicht so schlimm, wie es anfangs aussieht. Mit der Beschäftigung von interessanten Stellenausschreibungen kommt der Appetit – und schneller als Sie denken, sind Sie im Vorstellungsgespräch.

Das bedeutet, daß Sie mindestens vier Wochen lang den gesamten Stellenmarkt durchforsten, um alle wesentlichen Informationen zu erhalten. Sie werden für diese Zeit Ihre Branchenzeitschriften bestellen müssen wie auch die überregionalen und die regionalen Zeitungen.

Schneiden Sie die Anzeigen aus – bei Doppelseitigkeit ist natürlich zu kopieren. Und dann ordnen Sie die Anzeigen nach folgenden Gruppen:

- Anzeigen, in denen Tätigkeiten angeboten werden, die Ihrer jetzigen entsprechen.
- Aufgaben, die unterhalb der von Ihnen heute ausgeübten Tätigkeit stehen.
- Anzeigen für Positionen, für die Ihnen heute noch Qualifikationen fehlen, die Sie sich aber erarbeiten können.
- Stellen, die heute noch für Sie unerreichbar sind, aber es nicht bleiben müssen.

Wetten, daß bei dieser Arbeit Aspekte auftreten, die Sie zu der Überlegung führen, einen Stellenwechsel zu riskieren?

Sie müssen das Gefühl bekommen, daß Sie auch dann noch gute, vielleicht sogar bessere Chancen haben, wenn Ihre Vorgesetzten auf den Wunsch nach einer Gehaltserhöhung »recht sauer« reagieren.

Kennen Sie Ihre Chancen?

Bisher wurden drei »Untersuchungen« durchgeführt:
1. was Sie mit Ihrem Können auf dem Markt wert sind beziehungsweise verdienen können,
2. welche Risiken und Möglichkeiten Gehaltsverhandlungen für den – eventuell aufgewerteten – Arbeitsplatz bringen,
3. welche Möglichkeiten ein Stellenwechsel eröffnet.

Wer ehrlich mit sich selbst ist, wird zugeben müssen, daß ihm viele der Chancen, aber auch der Risiken, zumindest in ihrem Umfang nicht bekannt waren.

Jetzt sind nur noch die Chancen für die Zukunft herauszuarbeiten: Nehmen Sie sich ein Blatt Papier, und übertragen Sie aus den Stellenbeschreibungen die Einzelanforderungen, die dort für die ausgeschriebenen Stellen festgelegt sind und die zur Erweiterung Ihrer jetzigen Position relevant sein können.

Wenn eine dieser Anforderungen bei der nächsten Anzeige wieder vorkommt, halten Sie sie nach Art einer Strichliste fest. Zum Abschluß markieren Sie die Tätigkeiten, die Sie heute bereits ausüben.

Sie können nun feststellen,
- welches Gebiet Ihre Tätigkeit umfassen könnte,
- welche Schwerpunkte sich gebildet haben,
- welche Teile davon Sie heute ausüben,
- welche Sie zusätzlich erlernen oder ausüben könnten.

Sie kennen nun das Spektrum Ihrer Tätigkeit besser, als das Ihren Vorgesetzten normalerweise möglich ist. Glauben Sie wirklich, daß ein Hineinwachsen in einen neueren, größeren Arbeitsumfang ohne Wirkung bleibt?

> Sie müssen nicht nur Ihre Möglichkeiten und Chancen besser kennen als andere, sondern Sie müssen sich diese in der Regel auch schaffen!

Die Entwicklung dem Lebenszyklus anpassen

Die persönliche Entwicklung und die berufliche Position, die zu erreichen ist, stehen offensichtlich in einer engen Beziehung zueinander. Das bedeutet, daß das, was verpaßt wurde, in einer abhängigen Stellung nicht wieder aufgeholt werden kann. Für eine selbständige Tätigkeit können ganz andere, gegenläufige Gesetzmäßigkeiten zur Geltung kommen. Sie aber haben nicht nur gegen die rapiden Veränderungen im Berufsleben zu kämpfen, sondern mehr noch gegen das Zunehmen des Alters ganz einfach in Jahren.

Es gibt ein Schema, nach dem Lebens- und Berufsentwicklung in Siebener-Jahresstufen unterteilt werden. Sehen Sie sich Ihre Entwicklung an und ziehen Sie Schlüsse, was Sie wann beruflich erreicht haben sollten.

Die Sieben-Jahres-Stufen der Lebens- und Berufsentwicklung

- Mit sieben Jahren endet die frühe Kindheit. Die Fähigkeit, Traumwelt und Wirklichkeit unterscheiden zu können, entwickelt sich.
- Mit 14 Jahren beginnt die Pubertät. In der Spanne bis zum 21. Lebensjahr werden die Grundlagen für ein Studium gelegt oder eine Lehre abgeschlossen.
- Zwischen dem 21. und 28. Lebensjahr folgen Studienabschluß, Berufsbewährung und, auch heute noch, die Gründung einer Familie – größere Verantwortungen werden übernommen.
- Vom 28. bis zum 35. Lebensjahr wird der erste Abbau körperlicher Spitzenleistungsfähigkeit erschreckt empfunden. Beruflich ist die Umstellung auf geistige, sich noch steigernde Fähigkeiten zwingend nötig.
- Mit 35 bis 42 Jahren erfolgt eine harte Ernüchterung, Illusionen zerstieben – in der Liebe wie im Beruf. Wer die Kraft hat, wird sich die Aufstiegs-Dauerposition erkämpfen.
- Zwischen 42 und 49 Jahren werden letzte Chancen genutzt oder vertan. Alle Kräfte lassen nach. Routine, auch in der Innovation, und Organisationsfähigkeit müssen den notwendigen Ausgleich bringen.
- Im Alter von 49 bis 56 Jahren kann die Kombination von Intuition, Instinkt und logischen Fähigkeiten noch einmal geistige Spitzenleistungen sichern.
- Zwischen dem 56. und dem 62. Lebensjahr zeigt sich, was Ihre berufliche Lebensplanung taugte. Sie können sich nur behaupten, wenn Sie unangefochten besser als andere sind – immer noch!

- Im siebenten Lebensjahrzehnt werden Sie – falls Sie es dann noch wollen – aus Ihrer Intuition heraus auch bei noch schnellerem Wandel die Dinge klarer sehen als Ihre jüngeren Konkurrenten, die zugleich Ihre Verehrer sein sollten.

Und darüber hinaus? Bedeutende Werke sind in hohem Alter geschaffen worden. Das hat nichts mehr mit Beruf, sondern mit Berufung und einer Art von Gnade des Schicksals zu tun, die sich allerdings jeder selbst verdienen muß. Das Werk selbst ist dann Belohnung genug.

Doch was hat dieses lange Kapitel über Lebenszyklen mit den Überlegungen zu Gehaltsverhandlungen zu tun? Ganz einfach: Sie müssen Ihren Marktwert im bisherigen Unternehmen oder bei einem Stellenwechsel mit Ihrer Lebensstufe in Einklang bringen, wenn Sie erfolgreich Gehaltsverhandlungen führen wollen.

Das Leben gleicht einer Welle, die aus der Ewigkeit kommt, einige Zeit aufbraust und dann wieder in der Ewigkeit verschwindet – eine Welle von oft ungestümer, gewaltiger Kraft.

Wer sich gegen diese Welle stellt, wird sich verschleißen, ohne einen Effekt, eine positive Wirkung zu erzielen. Der berufliche Werdegang und Gehaltsverhandlungen sind Teile dieser Welle. Je besser sie eingeordnet, je harmonischer sie in dieses Puzzle eingepaßt werden, um so beachtlicher wird der Lebenserfolg.

Mut zum Aufbruch gewinnen

Wann sind Gehaltsverhandlungen zu führen? Natürlich bei der ersten Position, die nach einer Ausbildung übernommen wird. In der Regel wird nach der Probezeit, die drei Monate bis zu einem halben Jahr dauern kann, noch einmal über das Gesamteinkommen gesprochen. Das gehört jedoch eigentlich noch zum Einstellungszeremoniell.

Wenn nun der persönliche Entwicklungszyklus mit jeweils rund sieben Jahren festgelegt ist, so sollten jedes Jahr Gehaltsgespräche geführt werden, zusammen mit einer Bewertung der Leistung in der vergangenen Zeit. Alle zwei bis drei Jahre sollte sich der Arbeits- und Aufgabenumfang deutlich positiv verändern – es werden mehr Aufgaben, vor allem mehr Verantwortungen übernommen. Ein Karrieresprung sollte nach jeweils fünf Jahren erfolgen, gleich ob in der eigenen Firma oder durch Wechsel zu einem anderen Unternehmen. Ein Zeitraum von sieben Jahren und mehr ist nur bei fortgeschrittenem Alter akzeptabel.

Mut zum Aufbruch? Ich glaube nicht, daß das eine Sache des Mutes ist, sondern vielmehr eine Notwendigkeit. Wer in einer Führungsposition dieses Spiel nicht mitspielt und einen der »Termine« verpaßt, der hat sich aus dem Rennen verabschiedet. Wenn sie oder er in ihrer Position Weiterentwicklungen verpassen, wird das Unternehmen sie oder ihn unbarmherzig verabschieden. So hart und so einfach ist das.

Zugegeben, trotz des unterschwelligen Wissens um den Zwang zur Veränderung gehören Mut und Selbstdisziplin dazu, das eigene berufliche und damit auch private Leben zur richtigen Zeit zu verändern.

Reden Sie sich nicht ein, Sie hätten noch Zeit, es würde ja niemand drängen. Wenn jemand zu lange in einem Unternehmen tätig war – auch und besonders bei beachtlichem Erfolg –, wird er sich gute Argumente zurechtlegen müssen, warum der Wechsel nun doch kommt.

Noch härter, noch deutlicher:

> Es gibt die Lebensstellung, die Stellung auf Dauer, nicht mehr. Irgendwann wird Ihr Leistungsspektrum Ihrem Hause nicht mehr ausreichen und Ihre Veränderungsfähigkeit erschöpft sein. Sie »können nichts mehr werden«! Anderswo jedoch sucht man infolge anderer Voraussetzungen vielleicht gerade diese Ihre Fähigkeiten. Sie haben allen Grund, Mut zu entwickeln.

Einkommensverbesserungen konkret planen

Sicher mag es hier und da möglich sein, aus einer Augenblickssituation heraus, ja sogar ohne einen besonderen Anlaß, eine Gehaltserhöhung zu erreichen, das Gesamteinkommen zu verbessern. Es gilt, die Chance zu erkennen, zuzugreifen und sie zu nutzen. Das wird aber die Ausnahme bleiben und niemanden wirklich weiterbringen.

Das ist nur möglich, wenn Sie konsequent die innere Beziehung zu Ihrer Position und deren Entwicklung, zu Ihren Vorgesetzten und Mitarbeitern verändern. Jede Einkommenserhöhung muß letztendlich ver – dient werden. Dabei ist es gleich, in welcher Stufe einer betrieblichen Hierarchie Sie heute stehen.

Zur klaren Einschätzung Ihrer Situation und zur Vorbereitung der Verhandlung müssen nun Überlegungen kommen, was Sie zusätzlich anzubieten haben. Sie müssen sich optimal präsentieren, vor allem aber geschickt verhandeln, um Partner und Gegner zu überzeugen und um langfristig einen Erfolg ausbauen und sichern zu können.

Checkliste:
Ist jetzt der richtige Zeitpunkt, an eine Gehaltserhöhung zu denken?

	ja	nein
Bin ich lange genug im Betrieb, um eine außerordentliche Gehaltserhöhung anzusteuern?	☐	☐
Kann ich nachweisen, daß andere Mitarbeiter mit meinem Leistungsumfang mehr verdienen?	☐	☐
Liegt das allgemeine Gehalts- und Lohnniveau in meinem Aufgabengebiet oberhalb meiner Bezüge?	☐	☐
Kann ich auf außerordentliche Leistungen und Erfolge in meiner Tätigkeit hinweisen?	☐	☐
Habe ich – zur Absicherung – mehrere bessere und besser bezahlte Positionen in der Hinterhand?	☐	☐

	ja	nein
Bin ich/ist meine Familie bereit, im Falle des Scheiterns des Vorstoßes den Wohnort zu wechseln?	☐	☐
Spüre ich, daß innerhalb meines Lebenszyklus eine Änderung, ein Aufstieg geradezu fällig ist?	☐	☐
Bin ich bereit, systematisch meine Chancen auszubauen und die besten Möglichkeiten zu nutzen?	☐	☐
Werde ich – um des Karriereschubes willen – ein halbes Jahr noch härter arbeiten?	☐	☐
Habe ich die Überzeugung, daß es nun nötig ist, trotz Risiken die eigene Situation zu verbessern?	☐	☐

Kapitel 2
Was wird verhandelt?

In den ersten Überlegungen ist deutlich geworden, daß Chancen und Möglichkeiten, Vorgehensweisen und Zusammenhänge bei Gehaltsverhandlungen viel komplexer sind, als allgemein angenommen. Wer ungeschickt vorgeht, kann auch verlieren, was er bisher erreicht hat.

Dieses und die nächsten zwei Kapitel werden sich deshalb mit den Fakten, Bedingungen und Leistungen befassen, die letztlich verhandelt werden, um dann abzuklären, was davon vorhanden ist und angeboten werden kann beziehungsweise was zu beschaffen oder zu erlernen ist. Danach soll ermittelt werden, wie Sie Ihre Vorzüge optimal präsentieren, um letztlich zu überzeugen und Ihr Ziel zu erreichen.

Dabei wirkt sich ein typisch menschliches Verhalten positiv aus: Menschen beurteilen Menschen vorwiegend nach ihrem Verhalten in den letzten drei bis sechs Monaten. Das menschliche Gedächtnis reicht nicht weit. Wenn jemand jahrelang Spitzenleistungen bringt, dann aber einige Monate abfällt, reagiert man darauf mit Erschrecken. Wenn sich aber eine »Durchschnittsleistung« verbessert, dann erwachsen auf einmal die kühnsten Hoffnungen. Deshalb ist eine drei- bis sechsmonatige »Vorbereitungszeit« für eine Gehaltsverhandlung ideal.

Die Problematik der Gesamtvergütung

Keine Organisation entwickelt Freude an Gehaltsverhandlungen, auch wenn deren Vertreter das Wort vom Lohn nach Leistung ständig im Munde führen. Man will gleiche Bezahlung für gleiche Arbeit, um die Arbeitsmoral zu erhalten. Nur ja keine Veränderung des Gehaltsgefüges, denn das ist mit Arbeit und Entscheidungen verbunden – und die fürchtet man wie die Pest.

Nach außen wird demonstriert, daß man immer jemanden finden wird, der den Job zum üblichen Gehalt macht. Im Hinterkopf beginnt man aber zu rechnen, addiert die Kosten der »Ersatzbeschaffung« und der Einarbeitung. Vor allem bedenkt man die Unruhe, die die Fluktation, der ständige Wechsel in die Betriebsabläufe bringt.

Diese Situation fürchtet man besonders: Wenn es nach einer gescheiterten Gehaltsverhandlung zu einer Trennung kommt – einvernehmlich oder durch Kündigung –, so wird diese Sie oder dieser Er, sobald sie einen neuen Posten haben, in der Betriebskneipe auftauchen und sich mal so schön »dicke in die Tasche lügen«, das heißt, ihre neue Situation in den schönsten Farben preisen.

Was das für eine Unruhe bringt! Und Verhandlungswünsche! Die neu eingestellten Ersatzmitarbeiter werden mit gutem Beispiel vorangehen, denn wer gewandert ist, wird auch auf den Geschmack kommen und keine Angst mehr vor einem »Hochwechseln« haben. Je höher die Position in der Hierarchie ist, um so mehr wird gefordert.

Was wird man dagegen tun?

Man wird es zu keiner echten Gehaltsverhandlung kommen lassen, sondern die Forderungen mit einem Vorteil, einer besonderen zusätzlichen Honorierung ausgleichen. Das bedeutet, daß Gehalt und Gesamtvergütung zwei sehr unterschiedliche Dinge sind, die sich zahlenmäßig gründlich unterscheiden können.

> Die Gesamtvergütung setzt sich zusammen aus
> - dem Gehalt und
> - den Zusatzleistungen.
>
> Hier einige davon:
> - 13. oder 14. Gehalt außerhalb tariflicher Bindung
> - Urlaubsgeld beziehungsweise Reisekostenzuschuß
> - teilweise oder völlige Übernahme der Wohnungsmiete
> - verbilligter Einkauf auch täglich benötigter Konsumwaren
> - Firmenwagen zur privaten Nutzung
> - beitragsfreie Betriebs- und Ergänzungsrente

- freiverfügbares Spesenkonto
- Gewinnbeteiligung
- Belegschaftsaktien und andere Anteilscheine

Die Erfindungsgabe zur Verschleierung der Einkünfte ist unbegrenzt. Das heißt, aus einem höheren Gehalt kann eine niedrigere Gesamtvergütung werden und umgekehrt. Nur wenn Sie Ihre Hausaufgaben gemacht haben und wissen, was verhandelbar ist und was nicht, können Sie tatsächlich einen optimalen Abschluß erreichen.

Vorteile eines »Aufstiegs im Unternehmen«

Wenn Sie sich in einem »fremden« Unternehmen vorstellen, werden Sie nur in groben Zügen erkennen können, mit welchem Detailangebot Sie den Bedarf des Unternehmens voll treffen. Dagegen können Sie in einem bekannten Unternehmen gezielt darauf hinarbeiten, ja, mit etwas Zeit sich die Eignungen anlernen, auf die es ankommt.

Sie kennen Personen und ihre Vorlieben besser, wissen um die Stärken und die Schwächen, können sogar ideale Zeitpunkte nutzen. Beide Seiten wissen, daß Sie einen besseren Anfangsvertrag hätten aushandeln können, wenn Sie nur die Informationen und den Mut gehabt hätten.

> Vor allem weiß die »andere« Seite, daß sie Sie gar nicht von ihrer Arbeitsstelle vertreiben oder Ihnen eine bessere verweigern kann, wenn Sie taktvoll bitten – eben um etwas mehr Geld für beachtliche Leistungen, die über der Norm liegen. Sie kennen die Situation und wissen, wie viele Asse Sie im Ärmel haben und wie viele die anderen. Bei einem Stellenwechsel ist vieles unsicherer.

Nicht nur sind Ihnen die kollektiven Tarifverträge bis in die letzte Erläuterung bekannt, Sie kennen die Gehaltshöhen für bestimmte Leistungen, vor allem aber die Vergünstigungen, die nach und nach anderen Mitarbeitern gewährt wurden. Sie sind in der Lage, die Karten immer wieder neu zu mischen. Sie wissen, in wieweit Ihre Gehaltsverhandlung Teil eines komplexen Ganzen ist und welcher Spielraum bleibt.

Auch bei einer veränderten Position werden Sie weniger Energie und Zeit, Arbeit und Erfindungsgabe zu deren Stabilisierung brauchen, als dies in einem neuen Betrieb der Fall ist.

Was erreichen »Hochwechsler«?

Die weitaus meisten Stellenwechsel werden nicht um des höheren Einkommens willen unternommen, sondern weil irgendjemand dem Wechsler das Leben zur Hölle macht. Glauben Sie mir, in kürzester Zeit hat diese Person im neuen Unternehmen wieder einen derartigen Intrigen-Gegner. Das ist ein Problem der Beherrschung des Umgangs mit Menschen, einer der schwierigsten Komplexe, die es gibt. Diese Ursache fällt also aus – Flucht ist hier keine Lösung.

Es gibt eigentlich nur ein echtes Problem, Sie zu einem Wechsel – um des höheren Einkommens willen – zu bringen: Ihr bisheriges Unternehmen bietet keine Entwicklungschancen mehr. Das ist vor allem bei kleineren und mittleren Unternehmen der Fall. Dann sollten Sie den Mut haben, ehrlich und offen mit den bisherigen Vorgesetzten oder dem Inhaber zu sprechen. Oft entstehen dabei beachtliche »Hochwechseleffekte«.

> Bei mehr als einem Drittel mittelständischer Unternehmen ist die Nachfolge nicht gesichert. Sehr oft enden Gespräche mit Teilhaberschaften, Verpachtungen oder späteren Übernahmen. Gründerunternehmer sind oft zu erstaunlichen Opfern bereit, wenn nur ihr Werk Rang, Geltung und eine Zukunftschance behält. Eine Veränderung dieser Art ist ein sehr erfolgreicher Karriereschritt, einer in ein Endstadium, das jedoch wieder eine Fülle neuer Wege eröffnet.

Oft sind Vorgesetztenstellen blockiert – auf Jahre. Auch dann sollte man die Loslösung sehr behutsam vornehmen, ja sogar in Absprache und mit Hilfe des bisherigen Chefs. Führungserfahrungen werden besser in fremden Betrieben gewonnen; sobald der Bedarf akut wird, wechselt man nach einigen Stufen zurück.

Echte Hochwechsler werden nach zwei Jahren, wenn sie 80 % der im Hause erreichbaren Einkünfte erreicht haben, wechseln und im neuen Unternehmen bereits bei 100 % einsteigen. Wer das einige Male durchhält, kommt an die Spitze, nicht zuletzt, weil Kontaktfähigkeit und Beweglichkeit sehr hart trainiert wurden. Im neuen Unternehmen gelten dann wieder Mindestbeschäftigungszeiten, die etwa bei fünf Jahren liegen.

Die Rolle von Arbeitsbewertungen und Beurteilungen

Es gibt heute nur relativ wenige und vor allem größere Betriebe, in denen eine konsequente Arbeitsbewertung durchgeführt wird. Diese hat ein betriebliches Ziel: Man will »brachliegende Kapazitäten« erkennen und diese vom Unternehmen aus, unter Umständen über eine Fortbildung im Rahmen der Nachwuchsförderung, nutzen.

Das bedeutet, daß das Unternehmen selbst die Vorarbeiten übernimmt, die sonst beim betroffenen Mitarbeiter vor einer Gehaltsverhandlung nötig werden. Hier kehren sich die Bedingungen um. Der Mitarbeiter ist mit seiner Position zufrieden und muß zum Aufstieg in seinem Unternehmen, der natürlich mit mehr Einkommen verbunden ist, »überredet« werden. Diese Fälle nehmen anteilig ständig zu, der Facharbeiter erkennt die Leistung, die der Meister bringen muß, und wehrt sich, in die Pflicht genommen zu werden. Mehr und mehr Menschen erkennen, daß Arbeit nicht das ganze Leben ist. Deswegen sollen Details der Arbeitsbewertung zusammen mit der eigenen Beurteilung dessen, was der bewertete Mitarbeiter zu bieten hat, besprochen werden.

> Eine andere Beurteilung ist jedoch von höchster Bedeutung – das *Zwischenzeugnis*. Es hat die Aufgabe, die Leistungen für einen Zeitraum zu beurteilen. Sie sollten grundsätzlich spätestens nach jeweils zwei Jahren um dieses Zeugnis bitten. Sie haben ein Recht darauf.

Ein Zwischenzeugnis wird praktisch immer besser ausfallen als ein Zeugnis bei Beendigung eines Arbeitsverhältnisses. Die Gründe liegen auf der Hand – man will den Mitarbeiter halten, vor allem aber Streit vermeiden. Auch wird man die netten Formulierungen vermeiden, die zwar für den Laien gut klingen, dem Fachmann aber häßliche Informationen geben.

In der Regel kommt es zu einem Gespräch, bei dem die Formulierungen diskutiert und abgesprochen werden. Das ist immer eine gute Vorarbeit für eine Gehaltsverhandlung, wenn nicht diese selbst mit der Ausstellung eines Zwischenzeugnisses verbunden ist.

Zeugnisse – auch Zwischenzeugnisse – sind heute oft juristische Meisterwerke. Es sprengt den Rahmen, hier darauf näher einzugehen. Deswegen ist es Pflichtlektüre für alle Personen, die Gehaltsverhandlungen im eigenen Hause führen wollen, einschlägige Literatur zu diesem Thema sorgsam studiert zu haben.
Hier nur soviel:

> An einem einzigen Wort im Zeugnis oder Zwischenzeugnis kann Ihre gesamte Gehaltsverhandlung oder Bewerbung scheitern. Das bedeutet nicht immer, daß diese Wirkung vom Aussteller auch beabsichtigt war, denn oft entstehen derartige Formulierungen aus Unkenntnis, ja aus übertriebenem Entgegenkommen. Ihre Zeugnisse sind Ihre wichtigsten Beurteilungen. Prüfen Sie die Aussagen selbst bitte sorgsam, und lassen Sie sich von fachkundigen Personen beraten!

Welches Risiko bleibt?

Die Menschen sind sehr verschieden in ihrem Charakter, in ihren Fähigkeiten und in puncto Motivation. Für ein Unternehmen sind die Fähigkeiten vorrangig, denn man kann sie nur bedingt steigern.

Für Sie selbst liegt das gefährlichste Risiko in der Überschätzung Ihrer Fähigkeiten, in der Überforderung, in dem Ausbrennen. Kommt es dazu, werden Sie nicht nur die angestrebte Stellung mit dem entsprechenden Einkommen verlieren, sondern auch alles, was Sie bisher erarbeitet haben. Das ist nicht übertrieben, sondern tausendfach bewiesen.

Am besten läßt sich diese Teufelsspirale an einem Beispiel erklären, das sich als erschreckend gültig erwiesen hat.

Beispiel für Selbstüberschätzung

- Ein Auszubildender lernt fleißig und wird ein guter Geselle. Er führt alles, was man ihm aufgibt, »zu unserer vollen Zufriedenheit« aus.
- Weil unser Geselle ein so tüchtiger Arbeiter ist, hat man ihn auf die Meisterschule geschickt, die er mit Bravour abschließt.
- Der Betriebsleiter ist sehr zufrieden: »Er hat stets alle ihm übertragenen Aufgaben zu unserer vollsten Zufriedenheit erledigt.« Dieses Lob ist sogar noch eine Stufe besser als das für den Gesellen.
- Die Freunde unseres Meisters sind selbständig – und geben gewaltig an, wieviel sie verdienen. Der Sprung in die Selbständigkeit verlangt aber kaufmännisch geschicktes Verhalten, das unser Meister nicht hat und nicht zu erlernen in der Lage ist.
- Der Konkurs reißt ihn und seine Familie ins Bodenlose. Ob er seinen alten Posten wiederbekommt? Und unter welchen Bedingungen?

Sie können dieses Beispiel in alle Bereiche übertragen, es gilt immer, für Mann und Frau, für Handwerker und Akademiker:

> Wer seine Fähigkeiten überschätzt, wird sich überfordern und scheitern. Auch bei aller Mühe bleibt der Erfolg aus, die Spirale geht nach unten, geht ins Bodenlose.

Das ist das eigentliche Risiko. Alle anderen Entwicklungen sind mit ihm verbunden und werden davon beeinflußt.

Karriere oder mehr Beschaulichkeit?

Erfolgreiche Karrieren – Sie wollen über mehr Gehalt verhandeln, also streben Sie eine an – entstehen immer dann, wenn die Entwicklungsstufe der betreffenden Person und deren Fähigkeiten ausreichen, Ziele anzusteuern und positive Resultate zu erzielen. Das ist freilich mit Anstrengungen verbunden.

Die Eingangsfrage ist bewußt falsch gestellt. Arbeit und Anspannung muß immer die nötige Zeit der Entspannung gegenüberstehen. Niemals darf der Beruf einen Menschen über 100 % beanspruchen, auch nicht im Interesse des Unternehmens. Müde Manager verlieren ihre Kreativität, ihr klares Urteilsvermögen und das Gefühl für die Feinheiten im Umgang mit Menschen. Das reicht aus, um ein Unternehmen zu verschleißen.

Das Fatale an allen diesen Überlegungen vor einer Gehaltsverhandlung oder gar einem Stellenwechsel ist, daß niemand vorher sicher weiß, wie weit die eigene Leistungsfähigkeit reicht. Es ist deshalb besser, etwas unterhalb der Spitze zu bleiben, um Reserven zu haben. Das gilt besonders dann, wenn die Gesundheit nicht mitspielt. Unser Körper ist sehr gut in der Lage zu warnen, wenn Überforderungen drohen. Man muß nur auf ihn hören.

> Die richtige Stufe, also die ideale Position im Leben zu gewinnen, ist eine der wesentlichsten Lebensaufgaben. Die Bedürfnisse sind – darüber muß sich jeder klar werden – in der Regel größer als die Möglichkeiten. Ein guter Kompromiß, der lebenslang hält, wird nicht nur Karriere und Beschaulichkeit, sondern vor allem Erfüllung bringen. Und darauf kommt es letztendlich an.

Was ist der Preis für die Gehaltserhöhung?

Die Bemühungen, mehr Geld aus einer beruflichen Tätigkeit zu bekommen, müssen wirtschaftlich sein. Eine zu hohe Forderung, die zu einem Stellenwechsel bei reduzierten Ansprüchen zwingt, kann ein empfindliches Verlustgeschäft sein.

Aber auch bei einer Gehaltserhöhung im bisherigen Unternehmen ist der Aufwand beachtlich:

- Sie müssen mindestens drei Monate, besser sechs Monate außerordentliche Leistungen bringen.
- Zusätzlich sind – die Aktion kann ja schiefgehen – der Markt der Stellenangebote zu sondieren und die Unterlagen zu überprüfen.
- Die Überlegungen, wie am geschicktesten vorzugehen ist, werden eine Menge Zeit verbrauchen und für Wirbel in der Familie sorgen.

- Wenn es zu einem Wechsel kommt – auch innerhalb der bisherigen Arbeitsbereiche –, ist oft eine örtliche Veränderung damit verbunden; auch diese kostet Geld.
- Sie werden in Zukunft intensiver und länger arbeiten müssen, als das bisher der Fall war. Und mehr lernen, vor allem im Umgang mit Menschen.

Ohne die Mehrleistung, die auf Dauer fällig wird, kommen für eine Gehaltsverhandlung rund 500 Stunden, für einen Stellenwechsel oft über 1000 Stunden »Vorleistung« zusammen – eine Zahl, die unglaubwürdig klingt, aber sehr oft geprüft und übertroffen wurde. Überschlagen Sie mal allein die »Eigenleistung« bei einem Umzug und der Neueinrichtung am neuen Arbeitsort. Sie werden auf ähnliche Werte kommen.
Diesem »Aufwand« stehen nun die Gehaltserhöhung und mögliche sonstige Vorteile entgegen. Minus Steuern und Abzüge, wobei die Steuern noch progressiv steigen.
Bei einer derartigen Überprüfung zeigt sich oft, daß eine geringere Gehaltserhöhung auch bei Berücksichtigung der langfristigen Komponenten besser ist als eine Veränderung, die den Umzug in einen anderen Ort erzwingt. Dies gilt selbst dann, wenn die Firma die reinen Umzugskosten, sprich den Transport, übernimmt. Auch diese Überlegungen sind wesentlich.

Resultate sprechen lassen!

Sicher haben Sie bereits zu überschlagen begonnen, was denn ein Stellenwechsel kostet, wenn die Gehaltsverhandlung schiefläuft. Sie haben ein Resultat, ein Ergebnis parat. Weil Sie aber einen Stellenwechsel mit Veränderung des Wohnortes vielleicht bisher nur einmal unternommen haben, fehlt Ihnen die Erfahrung mit derartigen Resultaten. Die Erfahrung hat gezeigt, daß man einigermaßen richtig liegt, wenn man die Summe der Kosten verdoppelt, die Summe der positiven Ergebnisse aber halbiert. Dabei ist nicht berücksichtigt, daß ein Wechsel schiefgehen kann, Sie also zweimal Anlauf nehmen müssen. Oder daß eine Rezession zur Zurücknahme von Löhnen und Gehältern zwingt.

Machen Sie sich nichts vor, lassen Sie Resultate sprechen: Wenn bei dieser rigorosen Rechnung ein Plus bleibt, dann kann die Rechnung aufgehen, vor allem, wenn sie über zwei oder mehr Jahre betrachtet wird.

Nun kommt zwangsläufig die Frage, wie hoch denn diese Summe sein sollte, derentwegen Sie eine Gehaltserhöhung anstreben werden. Obwohl das schwer zu sagen ist, doch einige Richtwerte:

- In den unteren und mittleren Führungsebenen entspricht der Aufstieg um eine Stufe in der Hierarchie einer Gehaltserhöhung von monatlich rund DM 500,- oder DM 6000,- bis DM 7000,- im Jahr. Das sind heute 5 bis 8 %, selten 10 %.

Früher galten 10 % netto mehr als Grund zu wechseln. Aber das ist nur von wichtigen Spezialisten – auch im Führungsbereich – zu erreichen.

Alle derartigen Angaben sind tückisch. Erst die Verhandlung zeigt, was »drin ist«. Deswegen ist es notwendig, sich sehr gründlich mit dem Vorgehen bei Gehaltsverhandlungen zu befassen.

> **Vorgehen/Verhaltensweise bei der Gehaltsverhandlung**
>
> - Lassen Sie nur Resultate sprechen!
> - Überprüfen Sie diese immer wieder!
> - So wesentlich Emotionen und Gefühle sein mögen, hier sollten sie vermieden werden.
> - Vertrauen Sie bitte Ihrem logischen Denken!
> - Zeigen Sie Begeisterung, aber lassen Sie sich bitte nicht von besonders charismatischen Personen so weit bringen, daß Sie auch Geld zuzahlen würden, nur um eben bei diesem Team dabeizusein!
> - Und, ganz wichtig: Horchen Sie in sich hinein und nehmen Sie wahr, was Ihre Intuition Ihnen zuflüstert, denn sie ist aus der Summe aller Ihrer Erfahrungen aufgebaut.

Wenn Ihre Intuition zurät, bleiben Sie kritisch und prüfen nochmal. Wenn sie aber abrät, Sie ein schlechtes Gefühl haben, dann hören Sie bitte auf Ihre Intuition.

Solange niemand weiß, was Sie vorhaben, ist ein Rückzug unproblematisch. Auf keinen Fall ja sagen, wenn Sie nicht voll überzeugt sind! Eine Chance ist nur dann echt, wenn sie sich nicht nur realisieren läßt, sondern bei immer wieder neuen Kontrollen weitere Vorzüge zeigt.

Checkliste: **Lohnen Aufwand und Risiko das zu erwartende Ergebnis?**		
	ja	nein
Kenne ich meine »Gesamtvergütung« und das, was mich nach einer Gehaltserhöhung plus Zulagen erwartet?	☐	☒
Habe ich detailliert in allen Positionen überprüft, welche Verbesserungen zu erreichen sind?	☐	☒
Bin ich bereit, einen Aufstieg im Unternehmen zu erarbeiten, wenn es sich lohnt?	☒	☐
Kenne ich die Tarifverträge mit ihren detaillierten Regelungen, die als Basis gelten können?	☐	☒
Sind mir die Kosten bekannt, die auf mich zukommen, wenn ich die Stelle wechseln und umziehen muß?	☒	☐
Kenne ich die innerbetrieblichen Chancen, Nachfolger in einer höheren Position zu werden?	☒	☐
Ist mir das Risiko der Überforderung und die Gefahr des Ausbrennens bekannt, kenne ich meine Grenzen?	☒	☐

	ja	nein
Habe ich die »Kosten der Maßnahme« wie auch die Ergebnisse realistisch ermittelt, bleibt ein Überschuß?	☐	☐
Habe ich meine Familie von der Richtigkeit meines Vorgehens überzeugt? Riskiere ich auch hier Kosten?	☒	☐
Was sagt mir mein Gefühl – bin ich überzeugt, daß die Aktion gutgehen wird, mit Aufstieg und mehr Einkommen?	☒	☐

Kapitel 3
Was haben Sie zu bieten?

Sie haben sich entschieden, auch mit dem Risiko in Gehaltsverhandlungen einzutreten, daß ein Stellenwechsel nötig wird. Vielleicht haben andere Gründe nachgeholfen. Wenn Ihre Firma wackelt, sollten Sie schnell noch »einen Schluck aus der Pulle« nehmen, aber mit der neuen Basis sich gleichzeitig umsehen, ob anderswo eine sicherere Firma den Sprung in die nächste Stufe erlaubt. Nichts ist schwieriger, als Gehaltsverhandlungen zu führen, wenn man aus einer pleitegegangenen Firma kommt oder gar arbeitslos ist.
Sie werden nun sehr sorgsam sondieren müssen, was Sie zu bieten haben. Das ist meistens wesentlich mehr, als Sie heute glauben. Das gilt natürlich auch, wenn Sie in der bisherigen Firma neue Aufgaben übernehmen sollen. Sie müssen genau feststellen, was alles zu Ihrem Aufgabengebiet, zu Ihrem Können und zu Ihren Möglichkeiten gehört.

Die Frage des Engagements

Engagement bedeutet Einsatzbereitschaft, Mitarbeit, Identifikation mit den Zielen des Unternehmens. Engagement ist die logische Folge von Motivation und der Überzeugung, daß das Ergebnis der Arbeit für möglichst alle Beteiligten positiv ist. Als verantwortlicher Unternehmensleiter müßten Sie jedoch die Firmenergebnisse in den Vordergrund stellen. Aber was nutzt das stärkste Engagement, wenn unter dem Strich nichts herauskommt?
Auf der anderen Seite gibt es in den Unternehmen Zigtausende fleißiger Mitarbeiter, die die besten Resultate erzielen, für die die »gackernden Hennen« die Lorbeeren kassieren. Vorgesetzten wird nicht bewußt, wer der eigentliche Motor ist. Oft gehen wertvolle Mitarbeiter dem Unternehmen verloren, weil sie ohne den Versuch einer Gehaltsverhandlung das Unternehmen verlassen.

Es macht sich nicht gut, sich selbst im Übermaß zu loben; andererseits ist der Nachweis besonderer Leistungen wichtig, wenn Sie bei einer Gehaltsverhandlung aus der bisherigen Position heraus erfolgreich sein wollen.

> **Detail-Überlegungen für die Gehaltsverhandlung in der bisherigen Position**
>
> - Was kann ich in meiner Position bewegen, wie groß ist der Arbeitsumfang?
> - Wo überall bin ich tätig, welche Auswirkungen hat meine Tätigkeit auf die Ergebnisse anderer Bereiche?
> - Wie effektiv arbeite ich?
> - Warum verfolge ich bestimmte Vorgehensweisen im Arbeitsablauf? Welche Vorteile sind damit verbunden?
> - Welche Ergebnisse erziele ich, die ich meinem Konto »gutschreiben« kann?
>
> Letztlich wird eine Kosten-Nutzen-Überlegung zeigen, daß Sie für Ihre Resultate einfach zu wenig verdienen.

Ist das alles zusammen nicht der Nachweis einer starken Motivation, von Begeisterung für die Tätigkeit, für Mitarbeit und für kritische Beurteilung? Vor allem aber dazu geeignet, bei Mitarbeitergesprächen fundierte Belege zu präsentieren und – in besonderen Situationen – eine »Sondermeldung« zu starten.

Die wesentlichen Mitarbeitereigenschaften

Das sind die Eigenschaften, die Sie befähigen sollen, die nötigen Resultate zu erarbeiten. Da ein Unternehmen aber ein soziales Gefüge ist, sollen diese Eigenschaften im Mitarbeiterkreis auch Ihr »Überleben« sichern. Sehr oft sind diese »Mitarbeitereigenschaften« eben diejenigen, die sich eine Führungsgruppe vorstellt, und nicht die, die das Unternehmen wirklich braucht.
Ein ausführlicher Beurteilungsbogen zeigt, worauf es besonders ankommt:

BEURTEILUNG
Herr/Frau ....
Funktion .... Datum.......

Verhalten gegenüber Kollegen und Vorgesetzten
 1 Zusammenarbeit
 2 Hilfsbereitschaft
 3 Aufgeschlossenheit
 4 Aktivität
 5 Toleranz
 6 Mitteilungsbereitschaft
 7 Offenheit
 8 Verträglichkeit
 9 Ausgeglichenheit
10 Sensibilität
    Summe

Führungsverhalten
 1 Arbeitsanleitung
 2 Arbeitskontrolle
 3 Durchsetzungsvermögen
 4 Delegation
 5 Kritik und Lob
 6 Motivation
 7 Objektivität
 8 Improvisation
 9 Organisation
10 Loyalität
    Summe

Anlagen und Auftreten
 1 Auffassungsgabe
 2 Logik und Intuition
 3 Kreativität
 4 Merkfähigkeit
 5 Umgangsformen

6 Sicherheit
7 Ausdrucksformen
8 Erscheinungsbild
9 Schnelligkeit
10 Effektivität
Summe

Verhalten im Arbeitsbereich
1 Interesse
2 Planung
3 Tempo
4 Augenmaß
5 Belastbarkeit
6 Ausdauer
7 Entschlußkraft
8 Fachkenntnisse
9 Fleiß
10 Genauigkeit
11 Fehlerhäufigkeit
12 Initiative
13 Fachkenntnisse
14 Lernwille
15 Korrektheit
16 Loyalität
17 Konzentration
18 Selbständigkeit
19 Ordnung
20 Zuverlässigkeit
Summe
Gesamtsumme

Auswertung: Jede Position erhält 0 (keine Eignung) bis 10 (höchste Eignung) Bewertungspunkte. Maximal können 500 Punkte erreicht werden; bereits 400 Punkte sind ein ausgezeichnetes Ergebnis.
Derartige Beurteilungsbögen haben den Nachteil, daß die einzelnen Positionen nicht entsprechend gewichtet werden. Doch lassen sich mit der Gesamtsumme – bei einem Toleranzbereich von einigen Prozent – recht gute Vergleichsmöglichkeiten schaffen.

Die Problematik der Beurteilung

Auch wenn sich Beurteilende wie zum Beispiel Personalchefs noch so sehr um Objektivität bemühen, so werden diese bei ein und derselben Person recht unterschiedliche Punktzahlen erreichen. Das bedeutet, daß Beurteilungen und Einschätzungen immer subjektiv, nicht objektiv sind.

Die vorgestellte Beurteilungsliste soll all jene, die Gehaltsverhandlungen zu führen gedenken, mit der Vielzahl der geforderten Eigenschaften konfrontieren.

Am besten kopieren Sie die Liste. Streichen Sie die für Ihre Position weniger bedeutsamen Eigenschaften heraus und ersetzen diese durch wichtigere. Verlassen Sie sich hier bitte nicht zu sehr auf sich selbst; mehr Objektivität wird erreicht, wenn Sie diese Bewertungen zusammen mit sachkundigen Freunden und Freundinnen aufstellen.

Legen Sie in diesem Fall eine zusätzliche Spalte an, in der Sie sehr bedeutsame Eigenschaften mit drei Sternen bewerten, wichtige mit zwei Sternen und notwendige mit einem Stern. Dann wissen jene, worauf besonderer Wert zu legen ist.

Bei aller Beachtung der Problematik, daß in vielen Fällen die Leistung einer Person nicht exakt meßbar oder quantifizierbar ist, so erscheint dem Autor die vorgestellte, heute übliche Liste dennoch unvollständig. Wenn irgend möglich, sind Mitarbeiter schließlich nach den Resultaten ihrer Arbeit zu bewerten. Fleiß ist ein zweifelhafter Maßstab, wenn die Effektivität fehlt.

> Wenn Leistung auf Heller und Pfennig, in Summen und Steigerungsraten bewertet werden kann, so entsteht ein Lohn/ein Gehalt nach Leistung – ein Schritt zu mehr Gerechtigkeit bei der Bezahlung von »abhängig Beschäftigten«. Das erleichtert jede Gehaltsverhandlung bedeutend. Firmen, die Mitarbeitern eine leistungsgerechte Honorierung ihrer Arbeit bieten, sind im allgemeinen auch besser organisiert. Sie leiden nicht so stark unter Konjunkturschwankungen, denn die nötigen Kontrollen und Aufzeichnungen sichern eine rechtzeitige Reaktion auf jede Veränderung am Markt. *Arbeitsplatzsicherheit* wird in Zukunft ein bedeutendes Beurteilungskriterium bei der Auswahl von Positionen sein.

Was bringt Kooperationsbereitschaft oder Härte?

Es ist noch gar nicht so lange her, da galt Härte im Führungsstil als die einzige Möglichkeit, den störrischen Mitarbeiter zur Leistung zu bringen. Bei den älteren Führungskräften – sehr oft bei Gehaltsverhandlungen Ihre Partner – ist auch heute noch die Sehnsucht nach autoritärem und dabei anerkanntem Handeln zu spüren.

Das kann für ein Unternehmen zu schwersten Schäden führen, gerade in Zeiten der Rezession. Wenn die Firma gut zahlt und weit und breit keine andere Arbeitsmöglichkeit vorhanden ist, werden auch Sie diesen Führungsstil akzeptieren; allerdings werden Sie nur mehr das Notwendigste tun, immer lächeln und freundlich sein, aber sich denken, »Ihr könnt mich alle mal«. Man kennt diesen Zustand heute gut und nennt ihn »innere Emigration«.

Gut geschulte, jüngere Führungskräfte haben die Vorteile der Teamarbeit kennengelernt und wissen, daß es in einer guten Verhandlung keine Sieger und Besiegten, sondern nur Gewinner geben kann. Sie haben mehr Geld, mehr Einkommen bekommen, und die Firma hat einen engagierten Mitarbeiter behalten, der nun sogar ein umfangreicheres Aufgabengebiet übernimmt.

Anmerkung: Die Unterscheidung zwischen Siegern und Gewinnern ist eine ganz wesentliche. Sieger vernichten ihre Gegner, sie zerstören, um neu aufzubauen. Gewinner dagegen sind partnerschaftlich orientiert; sie sichern eine ständige Verbesserung zum Wohle aller Beteiligten.

Sie werden beides bieten – einmal die nötige Härte und Durchsetzungsfähigkeit, zum anderen das partnerschaftliche Verhalten. Je höher der Ausbildungsstand einer Arbeitsgruppe ist, um so stärker muß die partnerschaftliche Komponente sein, bis zu 80 % und mehr. Selbst für den Rest wird eine geschickte, »leise« Durchsetzungsfähigkeit vorteilhaft sein. Härte zeigt man nur, wenn alle anderen Wege verschlossen sind.

Umgekehrt ist es bei einem niedrigen Ausbildungsstand. Da kann es nötig werden, einen höheren autoritären Anteil zu zeigen.

Sie werden zugleich Härte, Durchsetzungsfähigkeit, Kooperationsbereitschaft und Partnerschaftlichkeit zeigen müssen und daraus Ihren, den Bedingungen angepaßten persönlichen Stil entwickeln. Wenn eine Persönlichkeit diese Eigenschaften angemessen zeigt, wird man in der Personalleitung sicher über einen erweiterten Arbeitsbereich nachdenken.

Überlegungen zu Schwachstellen

Nobody is perfect! Wir alle haben so unsere kleinen Macken. Eine bedeutende Macke haben Sie ganz bestimmt: Sie sind nicht versiert genug, Verhandlungen erfolgreich zu führen – insbesondere Gehaltsverhandlungen. Sie sind dabei in guter Gesellschaft, denn viele außerordentlich tüchtige Personen sind nicht in der Lage, sich entsprechend gut zu verkaufen.

Warum werden hier so viele Seiten mit der Erforschung aller unserer Fähigkeiten und Leistungen gefüllt? Weil so oft Könner sich selbst unterschätzen, von ihrem Wert nicht viel wissen. Ja, die Blender, die können sich mit wenigen Ergebnissen in den Vordergrund rücken, die können das einfach. Lassen Sie den Angebern doch auch eine Chance – und lernen Sie von ihnen, zumindest in den wirksamen und sympathischen Bereichen.

Der Autor hat viele Jahre selbst auf allen Ebenen Gehaltsgespräche geführt, später seine Absolventen im Beruf begleitet und geholfen, daß das Erreichte sich auch finanziell niederschlug.

Da fragt man sich natürlich, wo denn die größte Schwachstelle steckt. Es ist die mangelnde Fähigkeit, Leistungen so zu präsentieren, daß die Entscheidenden stichhaltige Argumente erhalten, um den Wünschen des Kandidaten entgegenzukommen. Es ist ein Märchen, daß Firmen stets darauf bedacht seien, Mitarbeiter billig einzukaufen. Billig ist schlecht, wenn die Leistung nicht stimmt. Stimmt diese aber, so werden die Mitarbeiter die Firma wieder verlassen, wenn anderswo das Einkommen angemessener ist.

> Bedenken Sie bitte diesen einfachen Grundsatz: Würden Sie jemandem Verhandlungen für die Firma anvertrauen, der nicht einmal ein »anständiges Gehalt« aushandeln kann?

Die sieben »Verkaufsargumente« in der Gehaltsverhandlung

Einer der wesentlichen Grundsätze ist, daß ein »Verkäufer« seiner Arbeitskraft den »Käufermarkt« meiden sollte. Denn dort finden sich in der Regel Unternehmen, die von Arbeitssuchenden wie Sie überlaufen sind.

Deswegen ist es wesentlich, daß Sie spezielle Fähigkeiten anbieten können, die andere nicht haben. Nachdem auf Seite 34f. alle relevanten Eigenschaften zusammengestellt wurden, werden sie hier in sieben Punkten zusammengefaßt als Grundlage Ihrer »Verkaufsargumente«:

Die sieben grundlegenden »Verkaufsargumente«

1. **Fähigkeiten** sind klar aufzulisten und vorzustellen, auch wo sie erworben wurden.
2. **Leistungen** sind Ergebnisse dieser Fähigkeiten. Die Erfolgsbilanz an Resultaten muß belegt werden. Sie müssen zum Bedarf des Unternehmens passen.
3. **Erfahrungen** sind Trümpfe, erreicht durch Fähigkeiten und anerkannte Leistungen. Sie müssen vor allem Selbstvertrauen, Engagement, Kenntnisse, Flexibilität und Lernvermögen zeigen.
4. **Qualifikationen** ergeben sich aus Schulung, Leistungen und Erfahrungen, sie müssen lückenlos zur angestrebten Position passen, ohne Unter- oder Überqualifizierung.
5. **Initiative** muß sich aus Resultaten belegen lassen. Aus schriftlichen und Gesprächsbeurteilungen ist zu erkennen, daß Sie zu aktivem Handeln und zur Übernahme von Verantwortung bereit sind.
6. **Verbundenheit** mit dem Unternehmen und Loyalität zu Vorgesetzten und Mitarbeitern ist aus dem Handeln zu erkennen, auf dem Ihr Werdegang aufgebaut ist.
7. **Persönlichkeit** ist die Summe folgender Eigenschaften: Selbstvertrauen, Ausstrahlung, Vernunft, Intuition, Intelligenz, vor allem eine positive Haltung und Optimismus.

Stellen Sie ein Paket Ihrer Vorzüge zusammen, Ihre Argumente müssen aufhorchen lassen! Das allein genügt aber nicht. Sie müssen zeigen, daß Sie in diesem Unternehmen und in dieser Tätigkeit mehr leisten wollen und werden.

> Sie müssen Ihren Verhandlungspartner mit Ihren Argumenten dazu bewegen, daß er in Sie investiert und auf das setzt, was Sie in Zukunft für das Unternehmen bringen können.

Konkurrenten ausschalten können

Hier sind zwei Situationen zu unterscheiden – einmal das Gehaltsgespräch bei einer Bewerbung für einen neuen Posten in einem fremden Unternehmen, zum anderen das Gespräch über eine Gehaltserhöhung im bisherigen Betrieb.

Bei ersterem hat sich ein Dankschreiben nach dem Vorstellungsgespräch hervorragend bewährt, um sich einen Vorsprung zu sichern:

Sie bedanken sich höflich für das Gespräch und die aufgewendete Mühe, für die Gastfreundschaft und die Führung durchs Unternehmen, wobei Sie einige anerkennende Worte für das Unternehmen finden. Das Interesse an der Position wird noch einmal betont, auf Erfahrungen und Qualifikationen, vor allem auf bisherige Resultate, die in Zukunft interessant sind, hingewiesen. Kein Wort über das Gehalt! Wenn noch zwischen mehreren gleichwertig erscheinenden Bewerbern oder Bewerberinnen gezögert wurde, dann erhalten Sie den Zuschlag. Fast sicher, denn diese Reaktion ist heute noch relativ selten. Sie legen für weitere Verhandlungen ein neues Fundament und erreichen eine stärkere Verhandlungsposition.

Noch weniger üblich ist ein derartiges Dankschreiben bei Gehaltsverhandlungen innerhalb eines Unternehmens, obwohl die schriftlichen innerbetrieblichen Bewerbungen zunehmen. Daß man Gehaltsverlangen mit Begründungen durch ein Schreiben »ankündigt«, bringt ohnehin eine derartige Fülle von Vorteilen, auf die Sie auf keinen Fall verzichten sollten.

Viele Vorgesetzte sind schriftlich wesentlich besser anzusprechen als mündlich. Ein erster Ärger über die Forderungen verraucht, vor allem wenn ein Wochenende zwischen der persönlichen

Übergabe und einem möglichen Gespräch liegt. Begründungen werden bedacht, Einsatzmöglichkeiten überlegt. Niemand wird etwas zusätzlich geben, ohne einen Gegenwert zu erhalten. Eine Gehaltserhöhung gilt auf Dauer, also kann das Unternehmen auch auf Dauer eine Mehrleistung erwarten.

> Ein Dankschreiben mit der Zusicherung von Loyalität und Leistung? Warum denn nicht. Jeder Personalchef blättert vor einer Beurteilung in Ihren Unterlagen. Sie werden sich dann an Dank und Zusage messen lassen müssen. Wenn das Ergebnis positiv ausfällt, können sich daraus der nächste Karriereschub und die nächste Erhöhung des Einkommens entwickeln.

Es genügt oft, in einer kleinen Formalität, einer besseren Vorgehensweise überlegen zu sein, um Konkurrenten auszustechen.

Was bieten Sie sonst noch?

Ein ideales Angebot kann nur abgeben, wer den Bedarf des in Frage kommenden Unternehmens genau genug kennt. Es wird ja hier kein Grundnutzen angeboten, sondern etwas Besonderes!

Sie müssen also Alternativen anbieten können, die ihre Basis nach Möglichkeit in Ihrer Berufserfahrung haben. Vielleicht läßt Ihr Angebot die Einstellung eines zusätzlichen Mitarbeiters überflüssig werden, wenn einige Aufgaben anders verteilt werden.

Verkaufen Sie bewußt derartige Vorzüge. Seltenheitswert haben zum Beispiel Sprachkenntnisse oder Auslandserfahrungen; damit stärken Sie Ihre Verhandlungsposition bedeutend. Sie müssen die Rolle des Verkäufers erlangen, der nicht nur das Gespräch führt, sondern auch den höchsten Gegenwert bringt. Und Sie sollten der einzige Verkäufer sein!

> Um sich einen Überblick über den Bedarf im Markt zu verschaffen und um Konkurrenten auszuschalten, ist die eigene Stellenanzeige unter Chiffre eine gute Sache. Auf alle Fälle sind Sie der einzige Bewerber. Mancher Wechsel, der vorher nicht beabsichtigt war, ist so zustande gekommen. Sie zeigen dabei Eigeninitiative und sparen dem zukünftigen Arbeitgeber Zeit und Geld. Dafür nimmt dieser in Kauf, daß keine Wahlmöglichkeit besteht, daß nur ja oder nein gesagt werden kann.

Am wesentlichsten aber ist, daß bei einer eigenen Bewerbung sehr oft das Profil der neuen Position noch nicht festliegt und nun auf Ihre Persönlichkeit zugeschnitten wird. Diese Überlegungen gelten natürlich auch bei entsprechenden Entwicklungen innerhalb des bisherigen Unternehmens.

Sie nehmen Kontakt auf, bevor sich der Unternehmer über seine Bedürfnisse und natürlich auch über die Gehaltshöhe Gedanken machte. Die Initiative liegt in Ihrer Hand; die andere Seite wird Vorschlägen offener gegenüberstehen, als wenn Sie einer unter vielen, mehr oder weniger gleichwertigen Bewerbern wären.

Was bieten Sie sonst noch? Wie können Sie Ihre Situation positiv beeinflussen? Schaffen Sie sich Klarheit über die Bedürfnisse des Unternehmens und bringen Sie ein Angebot – mit entsprechenden Begründungen und ohne einen einzigen der Vorzüge zu verschenken. Schalten Sie die Konkurrenz möglichst vollständig aus! Präsentieren Sie Ihre Verkaufsargumente! Verkaufen Sie Ihre Erfolge und Resultate, bevor Sie über Ihr Einkommen verhandeln!

> Zeigen Sie, was Sie zu bieten haben! Man wird Sie nach Ihrem Verhandlungsgeschick beurteilen. Bringen Sie Begeisterung zum Ausdruck – für diese Tätigkeit, für Ihren Beruf, für diese Position. Dann sind die Voraussetzungen für eine gute Lösung Ihrer finanziellen Fragen gegeben, vor allem aber für einen stetigen Aufstieg, bei dem dann Gehaltsverhandlungen weniger risikoreich und leichter zu bewältigen sind.

Checkliste:
Stimmt mein »Verkaufsangebot« in der Gehaltsverhandlung?

	ja	nein
Kann ich zur Demonstration meines Engagements Resultate glaubhaft nachweisen, meine Effektivität belegen?	☒	☐

Checkliste: Stimmt mein »Verkaufsangebot« ...? 43

	ja	nein
Biete ich die Mitarbeitereigenschaften, auf die es in diesem Unternehmen besonders ankommt?	☒	☐
Gehe ich so vor, daß die Beurteilung nicht nur von Fakten, sondern auch durch Sympathie verbessert wird?	☒	☐
Kann ich die ideale Mischung von Durchsetzungsvermögen, Loyalität und Kompromißbereitschaft demonstrieren?	☒	☐
Sind die Schwachstellen zu verstecken; kann ich vor allem bei der Gehaltsverhandlung brillant vorgehen?	☒	☐
Habe ich die Verkaufsargumente wieder und wieder darauf überprüft, daß sie dem augenblicklichen Bedarf entsprechen?	☐	☐
Wird es mir gelingen, die Konkurrenz auszuschalten, um allein im Angebot zu stehen und damit Vergleichsmöglichkeiten auszuschalten?	☐	☒
Werde ich nach dem ersten Kontakt oder der Gesprächsaufnahme taktisch richtig vorgehen, Partnerschaft zeigen?	☒	☐
Bin ich auch innerlich bereit zu zeigen, was ich zu bieten habe, ohne falsche Bescheidenheit?	☒	☐
Werde ich nun langsam so sicher in meinem Verhalten, als wäre eine Gehaltsverhandlung eine alltägliche Angelegenheit?	☒	☐

Kapitel 4
Wie präsentieren Sie sich optimal?

Jeder wird nach seinem Auftreten beurteilt. Das gilt besonders dann, wenn man sich – wie bei einem ersten Vorstellungsgespräch – nicht »aus der Erfahrung heraus« kennt. Das ist auch der Grund, warum so viele Blender in so erstaunlich hohe Positionen gelangen und dort auch bleiben. Wer von den Einstellenden will schon zugeben, sich derart geirrt zu haben? Es ist sicher nicht so, daß Blender immer im Konkurs enden. Anders ausgedrückt: Alle Ihre Vorarbeiten waren für die Katz, wenn Sie sich und Ihre Möglichkeiten nicht entsprechend präsentieren, wenn Sie Ihre Partner später nicht überzeugen können.

Auf was wird ein Verhandlungspartner besonders achten, wenn es um mehr Einkommen geht?

Fragen, die sich der Verhandlungspartner stellt:

- Hat der Bewerber das nötige Persönlichkeitsprofil?
- Kann sie/er Menschen beeinflussen, Autorität gewinnen, ohne zu autoritär zu sein?
- Paaren sich Aktivität und Gelassenheit, Loyalität und Selbständigkeit?
- Ist das Handeln bewußt und zielstrebig, auf das Machbare und Mögliche ausgerichtet?
- Ist das Auftreten so, daß es immer der Situation angemessen ist?

Was hier anzusprechen ist, gilt natürlich gleichermaßen für das berufliche und private Verhalten – nur kommt es in einer Gehaltsverhandlung besonders auf den Prüfstand.

Die Rolle des Selbstbewußtseins

Sicher, ohne ein ausreichendes Selbstbewußtsein, ohne Sichersein des eigenen Wertes und Könnens, ist überhaupt nichts zu erreichen. Zuviel Selbstbewußtsein jedoch führt oft zu Arroganz und verprellt den oder die Partner, die daraufhin in Trotzreaktionen hartnäckigen und langandauernden Widerstand leisten.

Eines der erfolgreichsten Bücher über Verhandlungen allgemein ist »Das Harvard-Konzept« von Fisher/Ury, das in mehr als zwei Millionen Exemplaren in 18 Sprachen erschienen ist.

Die Autoren gehen davon aus, daß man dann am erfolgreichsten verhandelt, wenn »Menschen und Probleme« getrennt werden, wenn man sich auf Interessen konzentriert und nicht auf Positionen. So lassen sich zu beiderseitigem Vorteil Entscheidungsmöglichkeiten entwickeln, wobei neutrale Beurteilungskriterien angewandt werden. Ist die Gegenseite stärker, so muß die beste Alternative zur Verhandlungsübereinkunft herausgearbeitet, mit Fairneß eine Lösung gefunden werden.

Was hat das aber mit dem Selbstbewußtsein zu tun? Das Konzept gibt jedem eine Chance, der willens ist, aus einem Grund-Selbstbewußtsein heraus sich in einem neuen Bereich so einzuarbeiten, daß ein Höchstmaß an Perfektion erreicht wird. Die Selbstbeurteilung wird Aufschluß geben, ob aus einer Chance ein Erfolg werden kann, wenn es gelingt, in diesem neuen Bereich besser zu sein als alle Konkurrenten.

Sie werden weniger angreifbar, wenn Sie sich nur auf die Aufgabe konzentrieren und jegliche Eitelkeit hintanstellen.

Besser und eindringlicher sprechen lernen!

Wenn ein Sportler eine außerordentliche Leistung erreichen will, muß er trainieren, sich geistig und körperlich konditionieren. Es wird nicht nur für eine Spezialdisziplin gearbeitet, sondern in einem Ganzkörperprogramm Kondition gewonnen.

Wenn Sie in einer Gehaltsverhandlung ein Spitzenergebnis erreichen wollen, müssen Sie ähnlich vorgehen. Sie werden zuerst lernen, geschickt zu verhandeln – mit Sprache, Körpersprache, um mit Ihrem Ausdrucksvermögen andere zu fesseln. Eindringlichkeit und Überzeugungskraft werden vor allem durch die Art der Sprache, die Argumentation, aber auch durch Tonfall und Modulation gewonnen.

> **Überzeugen durch Sprache und Sprechweise:**
> - Argumentieren Sie so, daß Ihr Partner aufzuhorchen beginnt, daß er jedes Detail versteht und zu analogen Schlüssen kommen kann.
> - Ihre Stimme muß voll und fest sein, nicht laut, zittrig oder leise. Es ist zu erkennen, daß die Stimme trainiert ist, ihr Klang hat Ziel und Aufgabe.
> - Ihre Sprechweise ist ruhig, nicht hastig, nervös oder schleppend – dabei ist die Atmung regelmäßig. Die Stimme muß aus der vollen Brust kommen und gut tragen.
> - Ein einwandfreies Gebiß stärkt das Selbstbewußtsein, ein angenehmer Atem fördert es zusätzlich. Die zunehmende Sicherheit hat ihre Wirkungen auf die Sprechweise.

Sprechen und Hören »gehören« zusammen. Sie werden sich bewußt auf Ihre/Ihren Zuhörer konzentrieren. Seine Aufmerksamkeit filtert heraus, was gerade wesentlich ist. Mehr als beim eigenen Sprechen spüren Sie bei anderen, welche Signale Sprache senden kann. Introvertierte sprechen leiser, verbrauchen weniger Energie nach außen.
Der Erfolg der Frauen bei Verhandlungen ist häufig nicht nur auf ihr gutes Einfühlungsvermögen zurückzuführen, sondern auch auf die Wirkung einer locker und warm klingenden Stimme. Darin drückt sich Entspanntheit und Selbstsicherheit aus – ein Faktum, dem sich der Verhandlungspartner nur schwer verschließen kann.

Der Aufbau eines Positiv-Images

Es gibt Personen, denen gelingt vieles, an dem sich andere die Zähne ausbeißen. Das ist die Wirkung eines Rufes, der vorauseilt. Der Aufbau eines persönlichen, unverwechselbaren Images kann einen beruflichen Aufstieg beachtlich fördern und die Gewinnchancen bei Gehaltsverhandlungen steigern. Wie kommt man zu einem derartigen Image?

Ratschläge:

- Haben Sie die Körperhaltung, die Mimik und die Gestik der aufsteigenden Mitarbeiter studiert – und die Ihre bewußt und gezielt angepaßt?
- Stimmt an Ihrem Äußeren alles – von den Schuhen bis zur Mütze? Figur und Frisur, Ihr Benehmen, Ihre Kleidung, eben alles?
- Strahlen Sie Gelassenheit und Ruhe auch dann aus, wenn um Sie herum Aufregung, Unsicherheit und Unruhe herrschen?
- Tragen Sie die Uniform des Aufsteigers plus persönliche Individualität? Haben Sie Ihre Gefühle im Griff – und zeigen diese trotzdem?
- Stehen Sie Neuem offen, aber kritisch gegenüber? Verwenden Sie kreative Kraft sorgsam, verschwenden Sie sie nicht an zweitrangige Angelegenheiten?
- Setzen Sie Ehrgeiz, Willen und Kraft ein, um auch im Fach Spitzenleistungen zu erzielen, und sind Sie in der Lage, diese auch zu präsentieren?

Zu einem Positiv-Image gehört aber auch, daß Sie sich Ihres Wertes voll bewußt sind und prüfen, ob Ihre Bemühungen – noch – in die richtige Richtung zielen. Auf alle Fälle ist ein hohes Einkommen ein wesentlicher Teil dieses Images.

Ein Positiv-Image entsteht besonders durch das Leistungsvermögen, das scheinbar mühelos Dinge schaffen hilft, die anderen unerreichbar sind. Dem leichten Tanz der Spitzenballerina darf man die Mühe lebenslangen Trainings nicht ansehen.

Wie zeigt man Kreativität, ohne anzuecken?

Es ist viel Wahres an dem bösen Spruch:

»Wer Neues schafft, zeigt nur, daß er mit der Routinearbeit nicht ausgelastet ist. Wenn dann in gemeinsamen Bemühungen die Neuheit ›abgeschmettert‹ wird, werden die Schuldigen bestraft und diejenigen, die immer schon wußten, daß das nichts wird, befördert.«

Auch eine Art, zu mehr Geld zu kommen. Daß allerdings derartige Unternehmen kein langes Leben haben, überrascht nicht. Aber muß es denn immer gleich die große Erfindung sein? Nur wer sich seiner Sache sehr sicher ist, sollte sich Schützenhilfe holen und Kreativität wagen.

> Gute, auch kleinere Unternehmen haben ein oft ausgefeiltes *Vorschlagswesen*, das qualitätsverbessernde, zeit- und kostensparende Methoden, vom Mitarbeiter »erfunden«, honoriert. Bedeutende Unternehmen geben für diese Aufgabe Millionensummen aus und gewinnen ein Vielfaches zurück.

Auch das ist Zusatzeinkommen, oft in beträchtlicher Höhe. Für einen innerbetrieblichen Aufstieg und eine Gehaltsverhandlung werden dabei besondere Voraussetzungen geschaffen.

- Einmal gewinnt der Mitarbeiter/die Mitarbeiterin Aufmerksamkeit, wenn wiederholt gute, verwertbare Vorschläge gebracht werden.
- Es entsteht – oft mit wichtigen Personen – eine engere Zusammenarbeit, in der Qualifikationen gezeigt werden können, die sonst unbemerkt blieben.
- Jeder kluge Vorgesetzte wird Aus- und Weiterbildungsmaßnahmen gerade auf die Personen konzentrieren, von denen Vorschläge kamen, das heißt, die letztendlich die Leistungsfähigkeit des Unternehmens steigern.

Natürlich sind derartige offizielle Wege immer die besseren. Bei anderen werden Vorgesetzte die Vorschläge anhören, einige Wochen warten und sie dann leicht verändert als eigene Ideen bringen. So mies das auch ist: Wie oft hat der »Erfinder« dann doch mit Hilfe des Vorgesetzten die Gehaltserhöhung – oder besser eine Schweigeprämie – bekommen.

Haben es Frauen besser?

Hier soll nun nicht eine Quotenregelung am Arbeitsplatz diskutiert werden; denn stimmt die Qualifikation nicht, wird jeder Aufstieg zur unerträglichen Bürde. Dies gilt für Frauen wie Männer gleichermaßen.

Der Autor hat 28 Jahre Seminare mit hohem Teilnehmerinnenanteil geleitet und festgestellt, daß in ihnen Frauen den Männern immer überlegen waren: an Wissen, Fleiß und Einfühlungsvermögen und – wo es an einer direkten Begabung fehlte – an Zähigkeit und Durchsetzungsvermögen. Wenn Frauen die bessere Qualifikation haben, dann sollten sie auch vor den Männern die entsprechenden Positionen erhalten.

Frauen haben es durchaus nicht besser. Von Kinder- und Erziehungspausen abgesehen, haben sie gegen eine Vielzahl von Vorurteilen zu kämpfen. Deshalb ist dieses Buch, ohne immer wieder besonders darauf hinzuweisen, vor allem auch für Frauen geschrieben.

> Es ist unverständlich und gegen die Aussagen des Grundgesetzes, wenn Frauen für gleiche Arbeit nicht das Einkommen erhalten, das man Männern zubilligt. Es gibt Tausende von Fällen, die gravierend genug sind, um sie öffentlich durchzufechten. In der Regel unterbleibt das aus Angst um den Arbeitsplatz.

In den Führungsetagen überwiegt heute noch die Männerwelt, die bei Gehaltsverhandlungen penetrant das starke Geschlecht vertritt. Frauen stoßen auf heftigen Widerstand, wenn sie in einer Führungsstellung dieses Gehaltsdilemma zur Sprache bringen. Warum setzen viele Frauen ihre angeborene und erarbeitete Klugheit nicht konsequenter ein, um die Männer mit ihren eigenen Waffen zu schlagen?

Sich der Macht beugen?

Gerade wurde den Leserinnen empfohlen, mit den Waffen der Männer und mit weiblicher Klugheit, kombiniert mit Intuition, zu kämpfen. Offensichtlich wird vorausgesetzt, daß die Arbeitgeber die Mächtigen sind und die Arbeitnehmerinnen und Arbeitnehmer sich eben nach ihren Möglichkeiten zu richten haben.
Wenn auch nur der Anschein eines derartigen Verhaltens auftritt, so reagieren junge Menschen in Seminaren recht ungehalten. Da hat man sie zu freien, selbständigen und verantwortungsbewußten Bürgern erzogen, und nun sollen sie um eines Vorteils willen, mag er auch noch so gerecht sein, bitten gehen.

> Höflich um mehr Geld bitten nagt am Selbstvertrauen und ist den meisten ein Greuel. Sehr oft nehmen gerade gute Mitarbeiter lieber die Mühen eines Stellungswechsels in Kauf, als sich auf die empfundene Erniedrigung im Machtpoker einzulassen. Es ist das besondere Können eines geschickten Vorgesetzten, derartige Nöte zu spüren und von sich aus das befreiende Wort zu sprechen. Sehr oft kann das durch eine gezielte Indiskretion »angeregt« werden.

Jedes Gehalt ist verhandelbar, obwohl der Arbeitnehmer Einkommen, Karriere, beruflichen Status und eine Aufgabe sucht, während die Vertreter des Unternehmens letztendlich nur an eine Verbesserung der Rendite denken. Gerade weil auch Unternehmer nicht die Macht haben, die sie gern hätten, sondern sich Gewinnüberlegungen unterwerfen müssen, werden sie Mitarbeiter suchen, die Lösungen und keine Probleme bringen. Aber die sind auch heute noch dünn gesät.

> Selbstbewußte Personen kommen nicht als Bittsteller, sondern präsentieren Leistungen und Resultate, belegen diese und regen einen Prozeß an, der die Unternehmerseite überzeugt, daß die Leistungsseite stimmt und einen Ausgleich auch auf der Einkommensseite braucht.

Die Zukunft planen

Eine einmal konsequent und erfolgreich durchgeführte Vorbereitung für eine Gehaltsverhandlung bringt beachtliche Sicherheit für eine spätere neue Verhandlung und für eine Fülle anderer lebenswichtiger Kommunikationen. Sie wissen dann, was Sie zu verkaufen haben und wie die Risiken so klein wie möglich zu halten sind.

Viele der wesentlichsten Dinge im Leben erledigt man nicht wie ein Profi, sondern wie ein Dilettant. Vor allem die Suche nach einer neuen Position und die Gehaltsverhandlung gehören dazu – manchem ist deren Bedeutung fürs eigene Leben offensichtlich noch gar nicht recht bewußt geworden.

> Man redet sich ein, vorübergehend mit etwas weniger Geld auszukommen, und fragt nicht, ob das auch klug ist. Die Gefahr, auf der Gehaltsskala auf Dauer abzurutschen, mit jedem Stellenwechsel etwas mehr, ist beachtlich.

Mit der Beantwortung der Frage nach der eigenen Präsentation ist auch jene, wie Vertrauen aufgebaut wird, geklärt. Es gilt nun, die Systematik der Vorüberlegungen, der Vorbereitung und des Einstiegs zu durchdenken, damit eine sichere Ausgangsbasis für die Verhandlung entsteht. Sie wissen bereits, wie Sie Ihren Plan geschickt realisieren können und in jeder Situation Ruhe bewahren und Gelassenheit zeigen können. Sie wissen auch, daß Sie den richtigen Zeitpunkt nutzen müssen, daß Ihre Sprechweise, Ihr Auftreten und Ihre Argumentation klar sein sollen. Sie können zeigen, was Sie zu bieten haben, und werden Zahlen, Fakten und Resultate präsentieren.

Was fordert nun die nächste Zukunft von Ihnen?

Es sind die Feinheiten von Strategie und Taktik, die mit speziellen Techniken dazu beitragen, die bisherigen Ergebnisse zu sichern und auszubauen.

Der erste Teil der Vorbereitung ist hier zu Ende – im zweiten, in der Praxis, wollen Sie nun erreichen, was Sie sich vorgenommen haben: mehr Einkommen auszuhandeln für eine gleichwertige, gute Leistung, für Ihre Arbeit und deren Resultate, kurz: Sie wollen »gewinnen«.

Checkliste:
Trete ich optimal auf?

	ja	nein
Bin ich ausreichend selbstbewußt, ohne mir das immer wieder bestätigen zu müssen und ohne anzuecken?	☒	☐
Kann ich mit meinem Auftreten Sympathien gewinnen, zeigt meine Körpersprache Festigkeit und Kompromißbereitschaft?	☒	☐
Werde ich auch in der Gehaltsverhandlung so sprechen, daß man mich und mein Anliegen einfach ernst nehmen muß?	☒	☐
Beobachte ich, was man im Unternehmen als Positiv-Image versteht, und passe ich mich so an, daß ich trotzdem eine eigenständige Persönlichkeit bleibe?	☐	☒
Denke ich über Verbesserungsmöglichkeiten nach und bringe ich Vorschläge in der Art, daß man sie akzeptiert?	☒	☐
Ist mein Handeln auf die Zukunft ausgerichtet, zählt man mich zu den Gewinnern mit stetig erfolgreicher Laufbahn?	☐	☐
Kenne ich Leitbilder, an denen ich mich messe und das eigene Verhalten kontrolliere?	☐	☒
Traut man mir zu, daß ich Lösungen und keine Probleme bringe, mich einordne in ein leistungsfähiges Team?	☒	☐

Kapitel 5
Strategie und Taktik erfolgreicher Gehaltsverhandlungen

Die größten Fehler in diesen Bereichen stecken im Menschen selbst. Da ist ein Mitarbeiter, der, erschrocken durch Entlassungen im Hause, auf Gehaltsverhandlungen verzichtet, um seine Stelle nicht zu gefährden – obwohl er weiß, daß der finanzielle Spielraum nicht ausgeschöpft ist.

Angst ist immer ein schlechter Berater. So fallen die Betroffenen oft aus allen Wolken, wenn ihnen in einem anderen Bereich des Unternehmens Stellen angeboten werden, in die sie sich einarbeiten müssen und die mit einem höheren Einkommen verbunden sind.

Das Unternehmen hatte längst schon diese »Umstellung« ins Auge gefaßt, denn für wegfallende Arbeitsplätze mit herkömmlichen Anforderungen werden immer wieder neue entstehen, in denen die Chancen von morgen stecken.

Ein verantwortungsbewußter Vorgesetzter wird immer zuerst an seine langjährig erprobten Mitarbeiter denken, wenn derartige Veränderungen anstehen. Er ist sogar von Gesetzes wegen dazu verpflichtet.

Was ist daraus zu lernen, was sagt man vorab, wenn über Strategie und Taktik gesprochen wird?

- Jedes Einkommen ist verhandelbar, wenn bisher erfolgreiche Resultate erzielt wurden und in Zukunft noch zusätzliche Leistungen angeboten werden können.
- Sie sind kein Bittsteller, der Verschlechterungen hinnehmen muß – Sie vermeiden das, wenn Sie als Verkäufer das richtige Angebot präsentieren.
- Sie haben selbst gelernt, Argumente zu bringen und Signale zu setzen; Sie beobachten die Gegenseite und reagieren mit positiven Fakten.

> - Sie zeigen Mut, lassen die Angst zu Hause. Sie haben trainiert, um sich stark zu fühlen. Sie sind sicher, daß Sie Ihr Ziel erreichen!

Wenn nicht heute, dann morgen. Zum Erfolg gehören nicht nur Planung und Aktion, sondern auch Ausdauer, die letztendlich doch zum Ziele führt.

Ziel ist immer der bessere Vertragsabschluß

Um mit Strategie und Taktik zum Erfolg zu kommen, ist die Konsequenz eine ganz wesentliche Voraussetzung. Sie sagen, das sei eine Binsenweisheit? Zugegeben, Sie haben recht, aber 98 % der Verhandlungen scheitern an derartigen Bagatellen.

> Entweder *ich will* mir eine Gehaltserhöhung aushandeln oder erarbeiten oder ich lasse es bleiben. Ein bißchen wollen ist zu wenig, das kostet nur Zeit, Kraft, die gute Laune und den Optimismus; diese Einstellung führt zum Scheitern. Sie müssen den besseren Vertragsabschluß wirklich wollen und auch etwas dafür tun.

Das bedeutet, Sie wollen mehr Einkommen. Aber auch Unternehmen sind Zwängen unterworfen. Es geht also um eine Gesamtvergütung, die aus einer Vielzahl von einzelnen Beträgen bestehen kann.

Es ist mit Sicherheit besser, die verhandelbaren Teile auf ihre Chancen »abzuklopfen«, als nur den Gesamtbetrag zur Sprache zu bringen. Zum anderen – wer einmal ja sagt, von dem kann man erwarten, daß auch die anderen Positionen diskutiert werden können. Sie müssen wissen, worüber Sie verhandeln sollen. Die Grundlagen wurden im Theorieteil besprochen; hier gilt es nun, sie anzuwenden. Wenige Schwerpunkte sind besser als sich zu verzetteln, vor allem müssen die Gründe stimmen.

> Sie werden immer wieder klarmachen, warum Sie den besseren Vertragsabschluß *verdienen*. Sie haben ja alles im Geiste – mental – gut durchdacht. Jedesmal, wenn Sie keine stichhaltige Begründung finden, wird Ihre Verhandlungsposition geschwächt, der Widerstand wird stärker und hartnäckiger.

Stellen Sie sich die Verhandlung als Puzzle vor, je mehr Teile Sie vorher zusammengesetzt haben, um so größer werden die Chancen, zum Ziel zu kommen. Deshalb müssen Sie auch wissen, mit wem Sie es zu tun haben.

Mit dem richtigen Partner sprechen

Was ist die schwierigste Aufgabe, wenn Gehaltsverhandlungen nötig sind? Den Verhandlungstisch überhaupt zu erreichen! Die gesamte Bewerbungstechnik hat nur dieses eine Ziel. Die Gehaltsverhandlung ist einer der Schwerpunkte eines jeden Einstellungsgesprächs.

Man sollte glauben, daß bei innerbetrieblichen Gehaltsgesprächen die Personen bekannt sind, die das Sagen haben, insbesondere eben in Fragen der Bezahlung. Doch in vielen Fällen ist das nicht so sicher.

Beamte haben es leicht, sie werden in eine Kategorie eingeordnet, jeder kennt nach der Liste die Höhe des dazugehörigen Gesamteinkommens. Und sie haben noch etwas – den Dienstweg. Hier würde der nächste Vorgesetzte das Schreiben mit der Bitte um Gehaltsverhandlungen erhalten, der es dann Stufe für Stufe weitergibt. Jeder, der dazugehört, weiß ja, was eine Stufe in der Hierarchie bringt.

In der Wirtschaft ist das anders; niemand soll wissen, wieviel der andere verdient und welche Konditionen noch gegeben wurden. In vielen Fällen gilt selbst das Gespräch darüber als schwerer Vertrauensbruch.

In der Regel hat jedes Mitglied einer Hierarchie mehrere Vorgesetzte – einmal den direkten Fachvorgesetzten, darüber einen, der sich um möglichst alles kümmert, und eine Personalabteilung ist auch noch da.

> Erster Ansprechpartner bei der Bitte um eine Gehaltsverhandlung – natürlich ohne eine Summe zu nennen – sollte der/die Fachvorgesetzte sein. Ein Übergehen könnte böse Folgen haben. Sie müßten schon eine tolle Niete sein, wenn Sie hier nicht Hilfe fänden. Jeder Vorgesetzte wird Gehaltswünsche seiner Mitarbeiter fördern, weil er früher oder später in die gleiche Situation kommt.

> Anders gesagt: keine Gehaltserhöhung ohne Steigerungen in den folgenden Hierarchiestufen. Gerade deswegen werden Einzelverhandlungen so sehr gefürchtet.

Keine vorschnellen, impulsiven Entscheidungen!

Ihr Fachvorgesetzter wird das Schreiben mit der Bitte um eine Gehaltsverhandlung schon an die Stelle bringen, die zuständig ist oder zumindest eine Teilzuständigkeit hat. Oder es wird jemand ernannt, der »die Sache aus der Welt schaffen« soll. Von dem Moment an, wo Sie das Schreiben aus der Hand gegeben haben, müssen Sie zum Beispiel auf einen Anruf gefaßt sein, bei dem schon einzelne Dinge ganz konkret zur Sprache kommen können. Stellen Sie sich vor, was passiert, wenn Sie nicht vorbereitet sind! Wie gewinnt man in einem solchen Gespräch Sympathien und Pluspunkte, wie zeigt man Eigeninitiative? Wenn Sie auf der Suche nach einem günstigen Zeitpunkt sind, so kann die andere Seite Sie gut auf dem linken Bein erwischen und abschmettern. Wir bedauern ... das war es dann. Beim Verkaufen muß man immer die treffendsten Argumente bereit haben, aus dem Stegreif ein unwiderstehliches Angebot »aus dem Hut zaubern« können, das sich als stichhaltig erweist. Sie kennen nun den oder die Gesprächsführer(in), den Termin und die Dauer des Treffens.

> Lassen Sie sich auf keinen Fall in vorzeitige Diskussionen ein, bringen Sie erst Ihre Argumente und den »Verkauf« Ihrer Fähigkeiten hinter sich. Erst wenn der abgeschlossen ist, wird über den Preis gesprochen.

Es ist für einen Stellenbewerber aus einem anderen Unternehmen geradezu eine Todsünde, die letzten Bezüge und die Gehaltsvorstellungen offenzulegen. Analog werden Sie bei einer innerbetrieblichen Verhandlung erst abwarten, was die andere Seite zu bieten hat.

Dieses Warten auf ein Arbeitgeberangebot hat bei neuen Mitarbeitern einen zusätzlichen Grund: Viele Arbeitgeber halten Personen für Versager, die weniger verdienen, als es im Betrieb üblich ist. Diejenigen, die sich mit weniger zufriedengeben, als dies im vorherigen Betrieb der Fall war, hält man ganz einfach für un-

sichere Absteiger. Warum sich eine derartige Blöße geben? Stellen Sie sich vor, Sie nennen – nun im innerbetrieblichen Geschäft – eine Summe, die niedriger ist, als der Verhandlungspartner geben wollte. Für wie dumm müssen Sie dann gehalten werden!
Sie haben ohne Not Ihre Verhandlungsposition empfindlich geschwächt. Zum anderen haben Sie gegen eine wesentliche Regel der Loyalität verstoßen: Die Gehaltshöhe war zwischen Ihnen und Ihrem bisherigen Arbeitgeber eine vertrauliche Angelegenheit, sie sollte es auch für den zukünftigen sein. Und Sie plaudern derartige Dinge aus?
Die besten Produkte tragen kein Preisschild. Das Wenigste, was passieren kann, ist, daß man Ihre derzeitigen niedrigen Bezüge als Ausgangspunkt der weiteren Verhandlung nimmt.
Es kann aber auch umgekehrt sein. Sind Ihre Gehaltsvorstellungen so hoch, daß sie den Rahmen des Üblichen sprengen, so wird Ihr Partner wohl das Gespräch abzubrechen suchen, obwohl Sie Ihre Argumente und Vorzüge noch gar nicht nennen konnten.
Nicht immer müssen Sie am Verhandlungstisch um ein höheres Gehalt kämpfen. Oft erhalten Sie Schützenhilfe vom Fachvorgesetzten. Welcher Vorgesetzte, der selbst vor einer Gehaltsverhandlung steht, möchte schon eine zu große Differenz zwischen seinem oder Ihrem Gehalt, wenn neue nachgeordnete Mitarbeiter und Mitarbeiterinnen eingestellt werden?
Es ist relativ selten, daß das Geld des Gesprächsführers zur Debatte steht. Das sollte man bedenken! Hier beginnt nicht nur das Gewinnen wesentlicher Informationen, dies sind bereits Schwerpunkte der Gehaltsverhandlung.

Die Rangordnung der Bestandteile Ihres Angebots

Sehr oft suchen Gesprächsführer nach Argumenten für ein höheres Gesamteinkommen, die sie für Ihre Einstellung beziehungsweise Gehaltserhöhung einsetzen können oder zum eigenen Gebrauch. Sie werden also für eine geschickte Argumentation aufmerksame Zuhörer und Zuhörerinnen finden.
Es gibt natürlich auch Vorgesetzte, die sich damit brüsten wollen, Sie billig eingekauft zu haben. Sie sind ja bestens informiert.

Nennen Sie, wenn es schon nicht anders geht, einige Gehälter, die die Konkurrenz zahlt, und legen Sie die Unterlagen vor – eben Stellenanzeigen mit Gehaltsangabe oder Werte aus Zusammenstellungen von Beratungsunternehmen. Wenn es dann um die Mundwinkel Ihres Verhandlungspartners verräterisch zuckt, wissen Sie, daß er sich unterbezahlt fühlt.

> Bei der Wahl der Rangreihe der einzelnen Bestandteile des Angebots werden Sie zunächst die für das Unternehmen wichtigsten Eigenschaften und Vorzüge herausstellen. Wenn es um Gehaltsfragen geht, sollten Sie mit den am leichtesten zu akzeptierenden Teilen beginnen.

Das sind diejenigen, die im Betrieb üblich sind – nur Sie kamen bisher noch nicht in den Genuß. Man kann derartige Vergünstigungen ohnehin nur schwer verwehren; Sie werden also offene Türen einrennen. Die lukrativsten Teile sollten in der Mitte des Paketes verborgen sein, dafür kann man dann bei belanglosen Bereichen auch mal Zugeständnisse machen. Sie wissen ja, alle wollen bei Verhandlungen das Gefühl haben, Gewinner zu sein.

Beobachten Sie Ihr Gegenüber genau, vor allem die Körpersignale und verbalen Zeichen, die Ihr Verhandlungspartner zeigt, wenn er einen Zuschlag signalisiert. Es genügt oft ein Argument mehr, um das Ziel zu erreichen. Die meisten Verhandler übersehen diese Signale.

Sie werden oft mit mehreren Gesprächspartnern konfrontiert – dann müssen Sie schnell herausfinden, wer denn die eigentliche Entscheidungsgewalt hat. Oft ist diese geteilt – der erste Gesprächsführer kann Ihnen die Stelle anbieten oder die Vorgespräche führen – und nein sagen, Sie von einer Position im Einstellungsverfahren oder von der außerordentlichen Gehaltserhöhung ausschließen.

Das ist die erste Hürde: Sie müssen zeigen, daß Sie geeignet sind beziehungsweise eine überdurchschnittliche Leistung bringen. Das gilt auch innerbetrieblich, wo man doch glauben sollte, daß die Arbeitsresultate oder die Anteile am Gelingen oft schwieriger Aufgaben allen bekannt sind. Es ist erstaunlich, wie wenig das der Fall ist.

Stärken zeigen, nicht Schwachpunkte verteidigen

Wenn Abteilungsleiter bei innerbetrieblichen Verhandlungen oder Personalchefs bei Neueinstellungen die ersten Gesprächspartner sind, so werden Sie Ihre Trümpfe sofort ausspielen.

Oft wird empfohlen, systematisch vorzugehen, sich zu steigern und die besten Teile des Angebots erst direkt bei der »Preisverhandlung« zu präsentieren. Man muß schon sehr versiert sein, vor allem überlegen, um diese Methode durchzuhalten. Allerdings kommen dann auch hervorragende Ergebnisse heraus.

Die Erfahrung zeigt aber, daß die Methode mit den Trümpfen vorab die weitaus sicherere ist. Wissen Sie denn, ob man Ihnen die Zeit läßt, Ihr Angebot zu entwickeln? Oder ob man abbricht, wenn zu Beginn nichts Wesentliches präsentiert wird?

Trotzdem – einen kleinen Trumpf, einen, auf den man auch verzichten könnte, ohne den man auch gewinnen kann, den sollten Sie in der Hinterhand behalten. Gerade deshalb ist die schriftliche Bewerbung, auch bei der Bitte um eine außerordentliche Gehaltserhöhung, so wesentlich. Ihre Partner hatten Zeit, sich mit den einzelnen Positionen auseinanderzusetzen.

Wenn man Ihr Gesuch folgendermaßen kommentiert, haben Sie schon beinahe gewonnen:

»Nun zu Ihrer Aufstellung. Wir sind zwar in einzelnen Positionen anderer Meinung, aber im großen und ganzen will niemand hier im Hause Ihre Leistungen und Resultate abwerten!«

Sie haben sich die oft peinliche Aufzählung Ihrer Meriten erspart, der Verhandlungspartner muß den stillen Vorwurf nicht hinnehmen, daß man Sie eben doch unterbewertet und nicht genügend beachtet hat.

Dieser Weg hat einen weiteren, entscheidenden Vorteil: Ihr Angebot – Sie hatten ja zur Vorbereitung und Erstellung genügend Zeit – ist vollständig. Es bildet einen kompletten Rahmen.

Erfahrungsgemäß werden unter dem Druck von Verhandlungen gerade wesentliche Aussagen einfach vergessen, weil mancher im Streß der Ereignisse nicht so klar denken kann. Sich nachher zu ärgern ist außerordentlich unproduktiv.

Sehr oft sind Aufstiegsstellungen mit höherem Einkommen im bisherigen Unternehmen mit *Umzügen* verbunden. Eine beliebte Falle ist die Frage, ob man denn einen Umzug in Kauf nähme. Hier gibt es nur eine Antwort:

»Wenn Arbeit, Aufgabe, Position und Einkommen stimmen, kein Problem!«

Sie wissen ja nicht, ob man gebluffт hat. Auf alle Fälle haben Sie Beweglichkeit bewiesen und sind im Rennen geblieben. Ein Nein hätte Sie unbarmherzig hinauskatapultiert.
Übrigens – man schätzt, daß von zehn Kandidaten, denen man diese Frage stellte, nach zwei Jahren noch neun am bisherigen Standort sind. Und daß von denen, die aus Angst vor dem Ortswechsel die Position und das Unternehmen wechselten, zwei von zehn Betroffenen dann doch »versetzt« wurden! Wandern müssen immer die zuletzt in ein Unternehmen eintretenden Personen zuerst – was auch für Entlassungen gilt.
Die »Mobilität« ist nur einer der Punkte, mit denen man die Ernsthaftigkeit Ihres Engagements testen will. Zögern Sie nicht mit einer positiven Antwort, denn es wird nichts so heiß gegessen, wie es gekocht wird. Tritt doch die unerwünschte Situation ein, wird es tausend Möglichkeiten geben, sie zu verhindern oder sie – vielleicht besser – zu nutzen.

Zeigen, was Sie heute und morgen wert sind!

Gehen Sie immer davon aus, daß Sie nichts ohne Gegenleistung erhalten. Für gleiche Arbeit gibt es nicht außertariflich mehr Geld, die Zeiten sind vorbei. Also finden Sie im Gespräch heraus, welche Bedürfnisse der Arbeitgeber hat, die in Ihren Überlegungen nicht vorkamen. Sie werden zum Beispiel mit dem Geschäftsführer verhandeln. Und der muß ja auch an seinen Job denken. Wenn er die richtigen Entscheidungen trifft, so wird er diesen behalten, bei falschen Entscheidungen nimmt die Gefahr, den Arbeitsplatz zu verlieren, zu.
Sie wollen mehr Einkommen, Sie fordern. Gut, richtig, aber psychologisch falsch. Der Geschäftsführer will Sicherheit – notwendiger als Loyalität. Also geben Sie ihm diese! Sie müssen ihm

WERKBIENE, *f.*, 'in einigen gegenden ein nahme der arbeitsbienen in einem bienenstocke' (ADELUNG *wb.* [1801] 1503): werkbienen so werden die kleinen oder honigbienen genannt, zum unterscheid der dronen und weiser, weil sie allein es sind, die im stock das werk machen ... *apes opifices* OVERBECK *gloss. melitt.* (1765) 96; man sieht niemals, dasz sie in ei ner männlichen biene in die zelle einer werkbiene ... leget J. D. TITIUS *betr. üb. d. natur* (1783) 2, 218; jede der verschiedenen bienenarten aber, mutterbiene, männliche biene, werkbiene, ist biene? J. J. ENGEL *schr.* (1801) 9, 122; *s. auch* NEMNICH *dt. wb. d. naturgesch.* 643. — -bildend, *adj., gelegenheitsbildung:* so dasz er (*verstand*) der werkbildende künstler ist, sie (*die sinne*) nur die das material darreichenden handlanger SCHOPENHAUER *s. w.* 3, 95 *Gr.* — -bildner, *m., vereinzelt in philosophischer fachsprache:* hat gott ... sie ... dem wesen nach gebildet (*tisch und bett als begriff geschaffen*) ... sollen wir diesen also den wesen-

$$\sqrt{3966}$$

32807

76

7000
+ 700
____
7900

glaubhaft machen, daß er sich auf Sie verlassen kann und nicht enttäuscht wird; daß seine Position sicherer ist, wenn er Sie nun unterstützt. Deswegen müssen Sie zuerst Beweise liefern, daß Sie auch in Zukunft in Ihrem Tun und Lassen für seine Position von Nutzen sind.

Das zeigt man nicht mit Dominanz, die immer mit Härte und Aggression verbunden ist, sondern mit Stärke. Diese können Sie mit gesicherten Antworten auf alle nur denkbaren Fragen dokumentieren und auf diese Weise Verhandlungsstärke zeigen.

Eine der beliebtesten Fragen der Unternehmerseite ist die nach der *Bedeutung des Geldes*. Sie wird immer wieder gestellt, obwohl doch sichtbar sein sollte, allein durch den Wunsch nach einer Gehaltsverhandlung, »wie hoch man es einschätzt«.

Scheuen Sie dieses Thema nicht. Antworten Sie:

»Geld ist für mich genauso wesentlich wie für das Unternehmen – ohne Gewinne, ohne Reserven, ohne Überschüsse auf die Dauer kein Überleben. Kein Mitarbeiter wird die Notwendigkeit des Einsparens von Kosten bestreiten. Doch für mich kommt noch hinzu, daß Lohn eine Verbindung zu Gerechtigkeit hat. Ich bringe Leistungen und Resultate, die Gegengabe in Geld muß angemessen sein!«

Lassen Sie sich auf keinen Fall darauf ein, den Eindruck von Unbekümmertheit in Geldfragen zu zeigen. Man wird Sie sofort über den Tisch ziehen wollen. Zeigen Sie, was Sie wert sind, einmal als Partner, zum anderen in Mark und Pfennig – heute genauso wie morgen. Sie gewinnen damit Respekt und Anerkennung, oft ein wenig Bewunderung.

Leistungsbeurteilungen systematisch beeinflussen

Es ist einer der großen Irrtümer, sich das Wohlwollen der anderen Seite durch zu großes Entgegenkommen sichern zu wollen. Das gilt besonders für impulsive Zugeständnisse, auch wenn sie bei innerbetrieblichen Verhandlungen weit zurückliegen.

Über Leistungsbeurteilung als Ganzes wurde bereits gesprochen (Seite 32ff.). Haben Sie den Mut, sofort nach Erhalt einer Beurteilung, gleich ob in Form einer regelmäßigen Überprüfung oder bei der Ausstellung eines Zwischenzeugnisses, auf die Punkte hinzuweisen, die Ihrer Meinung nach nicht ausreichend gewürdigt wurden. Das ist Ihr gutes Recht und auch eine Notwendigkeit. Eine unwidersprochene negative Bemerkung in den Personalunterlagen kann Chancen löschen wie ein Eimer Wasser ein Licht, gleich ob die Aussage der Wahrheit entspricht oder nicht.

Leistungsbeurteilungen kommen auch aus Bereichen, aus denen sie überhaupt nicht erwartet werden. Waren Sie *arbeitslos?* Dann kennen Sie den leisen, anklagenden Ton in der Stimme des Gesprächspartners, auch wenn das schon zehn Jahre her ist. Allein das Wort löst ein Gefühl der Anfälligkeit aus, als ob Sie gerade noch einmal darum herumgekommen wären, zu den Absteigern zu gehören. Man wird Sie genüßlich trösten, daß das jedem einmal passieren kann. Mit solchen eingeflochtenen Bemerkungen kann man Ihnen – das ist bewiesen – recht gut den Schneid abkaufen.

Dabei hätte es dazu gar nicht kommen müssen. Zur Beeinflussung der Beurteilung hätte es gereicht, daß Sie sich zum Beispiel in dieser Zeit mit dem Erlernen einer Sprache beschäftigt haben, von der die Firma schon profitiert hat oder noch profitieren wird. Das muß aus dem Lebenslauf ersichtlich sein, auch wenn es am Anfang nur ein Volkshochschulkurs war. Und es gehört irgendwann in ein Firmenzeugnis, wenn diese Kenntnisse zur Verwendung gelangt sind.

Sie können das auf eine jede andere Form von Beurteilungen übertragen. Der Aufbau eines »Berufsimages« muß langfristig angelegt sein, wenn Sie für Ihre Tätigkeit mehr Geld verdienen wollen.

Mut zu Veränderungen

Gibt es einen Bewerber, der keine Archillesferse, keine Schwachstelle hat? Besonders im *Alter* von über 50 Jahren zeigt sich die Verwundbarkeit. Was ist zu tun, damit die Chancen in einer Verhandlung nicht zu stark absinken?

Auf strittige Themen, welche es auch sein mögen, sollten Sie nicht mit Aggression reagieren. Sie gewinnen vielleicht einen Vorteil, verlieren aber das Spiel.

Die Vorurteile eines einzelnen Mitarbeiters können eine verständige Unternehmenspolitik praktisch unterhöhlen. Deswegen

sollten Sie nicht von einem einzelnen auf das gesamte Unternehmen schließen und den Mut nicht sinken lassen.
Wenn Sie über oder unterhalb einer Altersgrenze liegen, brauchen Sie nicht verlegen zu sein. Älter wird man von selber, und ältere Mitarbeiter haben immer wieder beachtliche Leistungen gebracht.
Verwenden Sie eine Antwort, die eine positive, optimistische Geisteshaltung zeigt, dazu Engagement und Selbstachtung, vor allem aber Takt:

»Gut, Sie haben für diese Position Jüngere vorgesehen. Ich bin begeisterungsfähig, geistig und körperlich fit, habe mit älteren und jüngeren Kollegen immer gut zusammengearbeitet. Meine Beweglichkeit und Erfahrung habe ich wohl bewiesen, sie können für diese Aufgabe von besonderem Vorteil sein!«

Natürlich muß man das begründen können, ein sicheres Auftreten ist der beste Beginn dazu. Sie müssen zeigen, daß Persönlichkeiten heute viel länger jünger bleiben, als das früher der Fall war. Ihr Wagemut wird besonders dann positiv bestätigt, wenn Sie latente Einwände fundiert, aber mit optimistischem Unterton anbringen und auch Ihr Gegenüber merken lassen, daß Ihnen das Gespräch Spaß bringt.
Fragen Sie doch einfach nach Vorbehalten, damit Sie diese entkräften können! Sie müssen diese ja ohnehin ausräumen; gefährlich werden sie, wenn Sie nicht Stellung nehmen können. Signalisieren Sie deshalb Ihre Gesprächsbereitschaft für alle kritischen Punkte. Sie müssen psychologische Vorteile gewinnen, die die Ablehnung Ihres Gehaltserhöhungswunsches erschweren. Eine starre Haltung ist immer von Schaden. Mut hilft, die kritische Frage zu überwinden, die im Raum steht und nie ausgesprochen wird:

»Was haben Sie zu verbergen, was Ihren Erfolg in beispielsweise einer erweiterten Position schmälern oder gar zunichte machen könnte?«

Man formuliert das anders:

»Erzählen Sie mal von sich selbst und warum Sie mehr Geld haben wollen!«

Sie müssen auf derartige Fragen vorbereitet sein, damit Sie nicht nach wenigen Minuten in Belanglosigkeiten stecken bleiben. Ein

Kind mehr ist heute höchstens ein Anlaß zu verhandeln, aber kein Grund, Ihnen mehr Gehalt zu geben. Weichen Sie aus, weg vom Persönlichen und hin zu den Trümpfen, die Sie beruflich bringen können.

Der Mut, den Sie hier brauchen, ist kein blinder Wagemut, bei dem die Gefahr des Scheiterns besonders hoch ist. Es ist ein kalkuliertes Risiko, bei dem dank bester Vorbereitung die Gefahr des Scheiterns sehr gering wird.

Und wenn man Sie nun nach Ihren Schwächen fragt? Dann lachen Sie und sagen:

»Ich kann mich gegen die Wünsche meiner Vorgesetzten nicht ausreichend durchsetzen. Sehen Sie sich meine Überstundenliste an! Von den Stunden des Nachdenkens daheim gar nicht zu reden. Auch einer der Gründe, warum wir hier zusammensitzen und über ein besseres Gehalt reden!«

Sie werden ob Ihrer Schlagfertigkeit zumindest ein Schmunzeln ernten. Eine gute Stimmung in einer ernsten Verhandlung ist ein hervorragendes Zeichen dafür, daß man handelseinig werden wird.

Den Bogen nicht überspannen!

Die Problematik eines jeden Verhandelnden, gleich in welchem Bereich, ist das Erkennen des Punktes, an dem nichts mehr verschenkt wird und die Möglichkeiten des Partners erschöpft sind. Je näher Sie diesem Punkte kommen, um so mehr wird Ihr Gegenüber versuchen, Sie aus dem Gleichgewicht zu bringen. Man wird Sie laufend unterbrechen und nach Anfälligkeiten suchen.

Natürlich stecken auch hier Zwänge dahinter. Nicht alles ist Gold, was glänzt, oft ist die Fassade nur für die Kunden und Lieferanten, für die Banken aufgebaut, um »den Laden« noch eine Weile über Wasser zu halten. Wenn Sie den richtigen Zeitpunkt erwischen, können Sie beachtliche Gehaltszuwächse erhandeln, Ihrem Partner, dem die Schulden über den Kopf gewachsen sind, ist das gleichgültig geworden.

Für ihn ist nur wesentlich, die nächsten Monate über die Runden zu kommen. In derartigen Betriebssituationen wartet man auf ein Wunder; es ist oft kaum zu glauben, wie weit ein Zusammenbruch hinausgeschoben werden kann. Das ist Ihre Chance, denn um auch nur einen gleichwertigen Posten zu finden, werden Sie aus der ungekündigten Stellung heraus ein halbes bis ein Jahr brauchen.

> So ist die Gehaltsverhandlung oft ein bitteres Signal, rechtzeitig den Absprung zu wagen. Auch bei neuen Positionen sollten Sie hellhörig sein, vor allem, wenn die verrücktesten Forderungen erfüllt werden. Sie handeln ein hohes Gehalt aus und verlieren womöglich Ihre Karrieremöglichkeiten.

Wann überspannt man den Bogen nicht? Wenn Sie Gehaltsvorstellungen durchsetzen können, die gut im oberen Drittel des Branchenüblichen liegen, dann soll man noch etwas härter verhandeln. Liegen diese weit über dem Durchschnitt, ja oberhalb der Spitzensätze, so erhofft man aus Ihrer Arbeit die Rettung der Firma, eben das berühmte Wunder, das in betrieblichen Belangen so ausgesprochen selten ist.

Der Tenor dieses aus der Erfahrung heraus entstandenen Buches liegt naturgemäß in dem Schwerpunkt, die Leser zur Durchsetzung eines optimalen Gehaltes zu animieren. Es will Ihnen sagen, daß Sie mehr verdienen, als man bezahlt. Aber es soll und muß auch vor überzogenen Forderungen gewarnt werden. Sie führen zum Scheitern und zum Bruch. Wenn man sich von Ihnen die Lösung von schwierigen Problemen erhofft, wird man zahlen, was Sie fordern.

Was aber, wenn Sie nur eine gute Durchschnittsleistung bringen? Man wird Sie nicht entlassen, sondern früher oder später kaltstellen, besser noch wegloben. Ihre Berufslaufbahn sieht dann bald aus wie ein »Fleckerlteppich«. Das ist für eine Karriere in einem Unternehmen nicht gerade förderlich.

Hier muß dann ein Gedanke Fuß fassen, der in jede Überlegung gehört, die zu Gehaltsverhandlungen führt: Warum machen Sie sich nicht selbständig? Warum werden Sie nicht Betriebsberater? Zum einen ist infolge Ihrer breiten Kenntnisse die Möglichkeit, wahre Wunder zu vollbringen, größer, zum anderen werden Sie wohl wesentlich mehr verdienen als in einer »abhängigen« Stellung. Und vergessen Sie nicht, daß es für gute Unternehmensberater keine Altersgrenze gibt. Vor allem sollten Sie darüber nachdenken, wenn Sie bereits zu den Mittvierzigern gehören.

Checkliste:
Gehe ich bei Gehaltsverhandlungen optimal vor?

	ja	nein
Ist mir klar geworden, daß ein jedes Gehalt verhandelbar ist, aber die Grenzen genau zu beachten sind?	☐	☐
Will ich konkret verhandeln, auch mit der Konsequenz, daß Nachteile entstehen, die schwer auszugleichen sind?	☐	☐
Weiß ich, wen ich anzusprechen habe, wer die Gehaltsentscheidungen trifft; kenne ich seine beziehungsweise ihre Eigenheiten?	☐	☐
Bin ich mir völlig klar darüber, daß ich die Höhe meiner bisherigen Bezüge nicht ohne Not nennen darf?	☐	☐
Habe ich mein Angebot gewichtet, die bedeutendsten Teile vorangesetzt, um besondere Trümpfe auszuspielen?	☐	☐
Bin ich mental soweit, daß ich »stark« und ohne Unsicherheiten auftreten kann?	☐	☐
Bin ich auf Fallen vorbereitet, durch die man mich verunsichern und abschmettern kann?	☐	☐
Habe ich auf jede in der Gehaltsverhandlung zu erwartende Frage eine stichhaltige, passende Antwort?	☐	☐
Weiß ich, wo ich mir Rat und Hilfe holen kann, vor allem über die Höhe der akzeptablen Forderungen?	☐	☐

Kapitel 6
Die spezielle Technik von Gehaltsverhandlungen

Es ist eine böse Erfahrung, daß es gewöhnlich viel einfacher ist, bei einer Einstellungsverhandlung eine Einkommensvorstellung durchzusetzen als eine Korrektur nach oben in den folgenden Jahren. Ein anfangs ausgehandelter Vertrag setzt natürlich einen Maßstab für alle folgenden Vereinbarungen. Haben Sie sich am Anfang zu billig verkauft, ist es sehr schwer, das später wiedergutzumachen.
Hemmungen und Unentschlossenheit in der Vorgehensweise sind die größten Gefahren.

> Falsche Haltungen setzen falsche Zeichen. Besonders bei innerbetrieblichen Verhandlungen ist die Gefahr groß, nicht die richtige Einstellung zu zeigen. Anstatt sich systematisch vorzubereiten, staut sich der Ärger an, bis im ungünstigsten Zeitpunkt der Knoten platzt. Setzen Sie niemals Zeichen, die zeigen, wie unzufrieden Sie sind!

Das ist nun keine Frage der Techniken, sondern der Verhaltensweisen, ohne die keine Technik auskommt. Wenn Sie über einen längeren Zeitraum weniger leisten, verschlossen, mürrisch und launisch sind, destruktiv und aggressiv vorgehen, vor allem unprofessionell arbeiten, werden Sie keine Gehaltserhöhung bekommen, sondern die Entlassung. Niemand ist unersetzlich.
Ohne ein solides Fundament aus Motivation und Leistung wird keine Technik wirken. Ohne steigende Leistung läßt sich kaum eine Gehaltserhöhung erreichen, die oberhalb der Inflationsrate liegt – es sei denn, Sie haben herausgefunden, daß Kollegen für dieselbe Leistung ein höheres Einkommen erzielen. Es ist zwar bitter zu erkennen, sich zu billig verkauft zu haben, doch in diesem Fall lassen sich die Karten neu mischen.

Ohne griffige Ansatzpunkte kein Erfolg – man muß in Ruhe darüber reden können, die Berechtigung Ihrer Wünsche muß »greifbar« werden.

Gehaltszusammenstellungen auswerten

Jede Taktik sollte von der Annahme ausgehen, daß Arbeitgeber eine Bitte um Gehaltserhöhung erst einmal ablehnen. Sie haben die Gründe und Argumente zu bringen, diese vorgefaßte Meinung abzubauen und zu korrigieren. Jede Gehaltserhöhung muß gerechtfertigt werden. Sie muß »verdient« werden.

> Sie dürfen nie »mit leeren Händen« auftauchen; von einer Liste, die man überreichen kann, geht eine magische Wirkung aus. Viele Unternehmer empfinden es in Zeiten der Rezession, des Personalabbaus, der Sparmaßnahmen, ja der Einkommenssenkungen geradezu als Frechheit, wenn jemand mehr Geld will. Gerade in diesen Zeiten können Sie das Augenmerk auf sich lenken, nur müssen Sie etwas zu bieten haben, das, einfach gesagt, mehr bringt, als es kostet. Nicht umsonst verdienen Berater in schlechten Zeiten am meisten.

Haben Sie schon gemerkt, daß in schlechten Zeiten, in denen die Arbeitsplätze wackeln, sich alle am freundlichsten geben? Da gibt es sogar Konferenzen außerhalb der Arbeitszeit, und niemand guckt auf die Uhr.

Wenn Sie in diese Atmosphäre der Freundlichkeit hinein mit Vorschlägen des Lean Management (eine Managementform, in der alle Qualitäten verbessert werden, zu denen auch die Grade der Einsparung gehören) kommen und eine Liste der Einkommen der Spezialisten dieser Organisationsform (finden Sie in Fachzeitschriften) vorlegen, so wird Ihr Chef doch überlegen, Ihnen das Gehalt zu erhöhen. Der Schock über die Höhe dieser Gehälter – sie liegen bei einem Mehrfachen des Ihren – wird ihn schon zum Nachdenken bringen.

> Sie müssen Ihr Anliegen isoliert darstellen, denn nichts fürchten »Gehaltsbevollmächtigte« so sehr, als daß jemand eine Lawine lostritt; die Angst vor Präzedenzfällen ist geradezu panisch. Abtrennen können Sie Ihr Anliegen beispielsweise durch eine definierbare Aufgabe.

Informieren Sie sich über die finanzielle Gesundheit des Unternehmens – immer, zu jeder Zeit. Vielleicht ist es doch besser, sofort zu flüchten? Sie sollten schon ein Jahr auf dem neuen Posten sein, wenn Ihre bisherige Firma in Schwierigkeiten gerät. Natürlich ist das immer noch peinlich, doch Sie sollten mit dem Brustton der Überzeugung sagen:

»Das war klar ersichtlich. Niemand wollte auf vernünftige Ratschläge hören. Wem nicht zu raten ist, dem ist nicht zu helfen!«

Polen Sie die Peinlichkeit einfach in ein Gemisch von guter Voraussicht und Tatkraft um. Schließlich haben Sie ja Ihren Kopf gerettet.

Größere Betriebe veröffentlichen Bilanzen – man kann sogar die durchschnittlichen Gehaltsaufwendungen je Kopf aus ihnen errechnen – und oft sogar die Nebenkosten. Wenn keine Bilanz zugänglich ist, nehmen Sie einfach die Zukunftspläne des Unternehmens als Basis.

Dabei sollten Sie ganz vergessen, daß die großen Pleiten der letzten Jahre aus zu schnellen Expansionen kamen. Wenn man dafür Geld hat, warum dann nicht auch etwas mehr Gehalt für Sie?

Die Argumente vorbereiten

Eine Vielzahl von Unternehmen nimmt jährliche Leistungsbeurteilungen vor, die ein Personalfachmann oder eine Personalsachbearbeiterin durchführt, der/die voll auf die Informationen von Dritten, von Fachvorgesetzten, angewiesen ist. Ihre Beurteilung hängt von deren Qualität ab. Was ist, wenn Sie mit dieser Person schlecht auskommen?

Es kann sein, daß Ihr Abteilungsleiter – gerade weil Sie ihm alle Arbeit abnehmen und laufend für Erfolge sorgen – ein Weiterbestehen dieses Zustandes einer möglichen Verbesserung eigener Gehaltsverhandlungspositionen vorzieht. Das gilt besonders für fachlich schwach qualifizierte Personen, die gegenüber ihren Fähigkeiten überzogene Positionen bekleiden.

Zum anderen können Vorgesetzte abgelöst werden; niemand ist dann da, der Ihre Leistungen bestätigen könnte. Ihre Vorhaben können damit um Jahre zurückgeworfen werden. Mit einem

Zwischenzeugnis, ausgestellt und erhalten zur richtigen Zeit, hätte für Sie unter Umständen die Möglichkeit bestanden, sogar Nachfolger mit mehr Gehalt zu werden.

Es hängt, um es wieder und immer wieder zu sagen, davon ab, wie Sie Belege für Ihre Leistungen »zementieren«, das heißt, so in Bestätigungen festhalten, daß sie noch nach Jahren als Nachweis dienen können, wenn Ihre Laufbahn »angeschoben« werden soll.

> Nun ganz knallhart: Übertriebene Bescheidenheit schadet und ist der Fluch, der den Ausgang von Verhandlungen negativ beeinflußt. Das Tragische dabei ist, daß niemand, wirklich niemand außer Ihnen selbst die Schuld dafür trägt. Warum haben Sie sich denn so sehr den Schneid abkaufen lassen?

Sie haben oft die Wahl, mit Personen zusammenzuarbeiten, die umgänglich sind und nicht auf Ihrem Selbstbewußtsein herumhämmern. Schränken Sie Ihren Umgang mit denen auf einen geringeren Umfang ein. Wählen Sie ernsthaftere »Gegner« in Ihrem Umfeld und benutzen Sie diese, um Ihre Schlagfertigkeit und Ihre Durchsetzungsfähigkeit zu trainieren! Eine Gehaltsverhandlung auf diese Weise vorzubereiten braucht natürlich viel Zeit.

Sie müssen bei der Vorbereitung beachten, daß sie in Ihrer Verhandlung Kontakt aufnehmen, eine Beziehung schaffen, Fragen und Lösungen präsentieren, überzeugen, einen Abschluß tätigen und ein gutes Klima für weitere Kontakte schaffen. Und das auf zwei Ebenen – auf der sachlichen und auf der Beziehungsebene.

Sie können auf der sachlichen Ebene Fakten, Unterlagen und Beweise noch so gründlich recherchiert, ausgearbeitet und zusammengetragen haben, Sie werden keine Gehaltserhöhung erhalten, wenn Sie keine positive Beziehung zu Ihrem Gegenüber zu entwickeln in der Lage sind. Man hat in Untersuchungen festgestellt, daß Bewerber zu 98 % in ihren Beziehungen versagen und nur zu 2 % wegen sachlicher und fachlicher Mängel.

Zwei weitere Einflußgrößen sind die Emotionen, die in einer Gehaltsverhandlung allerdings nur zurückhaltend eingesetzt werden sollten, sowie der Instinkt für die intuitiv richtige Verhandlungsführung.

> Ihr sachlich perfektes Konzept muß vier Ebenen genügen und auf jeder gleich stark wirken:
>
> **Logik und Verstand:** Die intellektuellen Fähigkeiten müssen Ihrem Verhandlungspartner zeigen, daß es sachlich gerechtfertigt ist, Ihnen mehr Gesamteinkommen zuzubilligen.
> **Die Intuition:** Das Gefühl »aus dem Bauch heraus« muß signalisieren, daß eine Verbesserung Ihrer Bezüge langfristig nicht nur dem Unternehmen, sondern vor allem dem Verhandelnden besondere Vorteile bringt.
> **Die Emotionen:** Freude, Ärger, Zorn müssen positiv sein und ebenso Vorteile bringen, vor allem nun dem Verhandler selbst – zum Beispiel auch mehr Gehalt.
> **Die Instinkte:** Sie müssen warnen, zum Beispiel vor Mehrarbeit, die auf den Verhandelnden zukommt, wenn der Gehaltswunsch abschlägig beschieden wird.

Das sind die Grundlagen eigentlich einer jeden Verhandlung. Warum sollten diese nicht auch für Gehaltsverhandlungen gelten? Mit den Mentaltechniken wurden in den letzten Jahren fundierte Grundlagen geschaffen, die von der Methode her eine Verhandlungs-Bestform garantieren.

Mentale Vorbereitung auf alle Eventualitäten

Mentaltraining bedeutet Probehandeln in der Fantasie. Wie jedes geistige Training hat es die Aufgabe, den Sinn Ihres Tuns zu erfassen und zu begründen, damit Sie vor sich selbst bestehen können. Sie werden dann Verstand, Intuition, Bewußtes und Unbewußtes, Emotionen und Instinkte aktivieren können, um Ihr Ziel, hier die Gehaltserhöhung, zu erreichen.

- Bevor Sie Ihr Vorgehen überprüfen und die Zielerfüllung imaginieren (die Empfindungen vorwegnehmen, wenn die Gehaltsverhandlung zu Ihren Gunsten gelaufen ist), müssen Sie sich entspannen, sich physisch und psychisch lockern, Überlastung und Müdigkeit ausschalten.

- Sie finden dann die innere Harmonie, die Sie zur konkreten Verfolgung von Zielen brauchen. Die Muskeln entspannen sich, die Öffnung erlaubt nicht nur ein schnelles Lernen, sondern auch ein besseres Kombinieren und Vernetzen. Sie bedienen sich aus den Speichern Ihrer Erinnerung, soweit sie positiv ist.
- Sie aktivieren verborgene Energien, finden einen aktiven Wachzustand. Sie erkennen, wo etwas fehlt oder zuviel ist; Sie fangen an, sich selbst Instruktionen zu geben. Auf einmal ist Schwieriges leicht; Sie wissen plötzlich sicher, daß Sie Ihr Ziel erreichen werden. Sie sprechen es aus: »Das schaffe ich!«
- Alle destruktiven Gedanken sind verschwunden, Schritt für Schritt werden der Weg und das Ziel untergliedert. Beispiele bestätigen, daß andere in ähnlichen Situationen erfolgreich waren. Sie wissen auf einmal, daß Sie Ihren Gesprächspartner auch mental beeinflussen können, eine positive Beziehung erreichen.
- Gefühle sind der Köder an der Angel, an die Sie die Fakten, die logischen Aussagen hängen, damit sie auch akzeptiert werden. Mental werden Sie die Streßsituation überwinden. Üben Sie das ruhig vor dem Spiegel ein, die besten Verkäufer machen das auch. Mentaltechniken sind aus dem Autogenen Training entstanden und mit diesem verwandt.

Warum eine Lektion über Mentaltechniken? Sie kennen aus der Schule das 6-Noten-System, von 1 für sehr gut bis 6 für ungenügend. Es gilt als erwiesen und ist Stand der Erfahrung, daß Prüflinge, die einmal die Mentaltechniken erlernt haben, im Durchschnitt um eine Notenstufe und mehr besser sind. Das kann für Sie bei der Gehaltsverhandlung den Ausschlag geben.

Gehaltsverhandlungen bei der Einstellung von Berufsanfängern

Berufsanfänger können Auszubildende sein, die gerade ausgelernt haben, Handwerksmeister nach der Meisterprüfung, Ingenieure und Betriebswirte nach dem Examen. Alle werden irgendwann die erste Gehaltsverhandlung bei der Einstellung führen, bei einem Stellungswechsel und natürlich auch im Betrieb, wenn Zeit vergangen ist und Leistungen erbracht wurden.

Fall 1:
Eine außerordentliche Lohnerhöhung für einen Auszubildenden?

Vergütungen von Auszubildenden sind sehr unterschiedlich hoch. Sie reichen je nach Branche von DM 400,– bis über DM 1800,– je Monat. Basis sind die Tarifverträge. Die großen Unterschiede entstehen in der Hauptsache in der praktischen Verwendbarkeit der Tätigkeit des Auszubildenden sowie in deren Verrechenbarkeit. Die Lehrlingsvergütungen erhöhen sich entsprechend dem Ablauf des schriftlichen Ausbildungsvertrages jedes Jahr automatisch. An dieser Grundvergütung und ihrer Höhe läßt sich, da tariflich verankert, nur dann etwas ändern, wenn Auszubildende in dem betreffenden Beruf Mangelware sind. Dann kann durchaus im tariflichen Teil eine Basisentlohnung vereinbart werden, zu der eine »freiwillige und jederzeit widerrufbare Zulage« kommt. Es ist sicher nicht zu empfehlen, die Berufswahl nach der Höhe der Vergütung für Auszubildende und einer möglichen Zulage auszurichten. Ein Beruf muß eine Lebensaufgabe werden, nicht nur das Einkommen ist wesentlich. Aber wenn man beides kombinieren kann, ist das eine glückliche Lösung.

Sie dürfen also durchaus als angehender Auszubildender direkt vor der Vertragsunterschrift Ihren zukünftigen Chef auf die Möglichkeit einer Zulage aufmerksam machen:

»Die anderen Meister haben ihren Azubis – meinen Schulkameraden – zur Vergütung eine Zulage von DM 150,– monatlich (oder eine andere belegbare Summe) versprochen, wie sieht das denn hier aus?«

Die Aussage muß natürlich stimmen, allerdings würde ich die zahlenden Meister nicht verpetzen. Es genügt, wenn Sie sagen:

»Ich habe drei Verträge aus dem hiesigen Gebiet gesehen, bei denen Zulagen vereinbart wurden!«

Ob Sie sich durchsetzen können, hängt natürlich davon ab, ob Sie auch als zukünftiger Azubi etwas Besonderes zu bieten haben, und ob Sie der einzige sind, der in Frage kommt.

Wenn Sie keine Zulage erhalten, wird man Ihnen ein Trostpflaster anbieten, zum Beispiel die Arbeitskleidung, Sicherheitsschuhe u. ä., was nicht selbstverständlich ist.

> Auszubildende arbeiten oft in Arbeitsgruppen, die eine Leistungsprämie erhalten. Normalerweise bekommen die mitarbeitenden Auszubildende einen Anteil ab, wenn sie fleißig waren. Das ist dann eine »betriebliche Übung« und eine Art Gewohnheitsrecht.

Wenn nicht? Dann fragen Sie mal Ihren Vorarbeiter:

»Na, Boß, Ihr kriegt nun eine dicke Prämie, kriege ich denn davon nichts ab?«

Die Gruppe und Ihr Boß werden dann schon dafür sorgen, daß Sie nicht zu kurz kommen. Wenn nicht, dann muß man noch einmal nachfragen. Wenn das nichts nutzt, gehen Sie eben eine Etage höher. Sind Sie sich dabei im klaren, daß man gemeinsam stärker ist. Gemessen an den Lehrlingsvergütungen können derartige Prämien beachtliche Anteile ausmachen. Auszubildende dürfen zwar nicht im Akkord und im Leistungslohn arbeiten, aber durchaus eine Prämie erhalten.

Außerordentliche Zuwendungen an Auszubildende? Warum nicht? Nur muß zuerst die Leistung stimmen, bevor die Forderung eine Chance auf Erfolg hat.

Fall 2:
Lohnverhandlung von Berufsanfängern auf der Facharbeiterebene

Georg hat ausgelernt, das Unternehmen hat ihn nicht übernommen. Er ist arbeitslos. Weil er sich nicht auf Hilfe von anderswo verlassen will, marschiert er los und klappert die Betriebe ab.

GEORG: »Chef, ich habe als Tischler ausgelernt, können Sie mich brauchen?«
CHEF: »Hast Du Deine Papiere dabei?«
GEORG: »Ja, hier.«
CHEF: »Sieht ja nicht schlecht aus! Wann kannst Du anfangen?«
GEORG: »Meinetwegen sofort, ich hab meine Klamotten dabei!«
CHEF: »Okay, laß Deine Papiere da, Huber wird Dich einweisen und in der nächsten Zeit versorgen.«

War das eine Einstellung und ein Gehaltsgespräch? Sicher, denn in einem Innungsbetrieb ist klar, daß man sich an die Tarifverträge hält, was die Probezeit angeht und die Einweisung in Unfallsicherheit. Und welcher Lohn wurde vereinbart? Der Tariflohn natürlich, auch wenn kein Wort darüber gesprochen wurde.

> Ausgemacht wurde stillschweigend der ortsübliche Lohn, in der Regel Tariflohn, und ein Zuschlag, wie er eben für Gesellen im ersten Berufsjahr in diesem Ort üblich ist und wie ihn ähnliche Gesellen im Betrieb und auch in anderen Betrieben erhalten. Übertragen gilt das natürlich für Mitarbeiter aller Sparten, wenn nicht direkt über Lohn und Gehalt verhandelt wurde.

Man beschnuppert sich, bleibt beisammen, solange man sich verträgt und Arbeit da ist – natürlich im Rahmen der Arbeitsgesetze. Oft für viele Jahre. Diese Form der Einstellung und der Gehaltsverhandlung ist auch heute noch größtenteils üblich.

In den nächsten Tagen füllt man den Personalbogen aus, der gleichzeitig als Vertrag ausgebildet ist. Dort werden auch die tariflichen Stundenlöhne und die Höhe der Zulagen eingetragen.

Und wenn es zu einer echten Gehaltsverhandlung kommt? In der Regel werden Löhne und Zulagen offen angesprochen, vom Einstellenden genannt. Sie sind selten verhandelbar. Das ist einer der Nachteile auf den »unteren Ebenen«, daß die Einstufung praktisch die Lohnhöhe bei der Einstellung festlegt.

Ausschlaggebend sind Angebot und Nachfrage, vor allem jedoch der augenblickliche Auftragsbestand, der eine beachtliche Auswirkung hat.

Fall 3:
Einkommensverhandlung bei Anfangsstellungen von mittleren Führungskräften

Die Spannen für die Qualifikation mittlerer Führungskräfte sind breit und je nach Betriebsgröße unterschiedlich. Auf alle Fälle gehören dazu:

- Meister und Techniker, Kaufleute mit langer Berufserfahrung und dem Abschlußzeugnis einer ein- oder zweijährigen Ausbildung.

- Absolventen und Absolventinnen von Handelsschulen, Berufsakademien und anderen Ausbildungsgängen.

Personen aus beiden Gruppen müssen nicht unbedingt Führungskräfte sein, sondern können Spezialaufgaben, wie zum Beispiel EDV, Planung und Rationalisierung, übernehmen, oder sie arbeiten als Sekretärinnen, Sachbearbeiter und Sachbearbeiterinnen. In den hier angestellten Überlegungen können sie durchaus Führungskräften, die anderen Weisungen zu erteilen haben, gleichgestellt werden.

Beispiel:
Marianne hat die Meisterschule absolviert und ein hervorragendes Ergebnis erzielt. Sie hat sich die Unterlagen der mehr als 100 Berufe, für die Meisterprüfungen durchgeführt werden, besorgt, insbesondere die Mantel-, Lohn- und Gehaltstarifverträge. Erstere regeln allgemeine Bedingungen, die zweiten die Lohnhöhe unter verschiedenen Bedingungen, die dritten die Einstufung und die Höhe des zu erwartenden Gehalts. (Besorgen Sie sich die Verträge Ihrer Branche bei der Handwerkskammer, der Industrie- und Handelskammer oder bei den Gewerkschaften, und lesen Sie diese Unterlagen sorgsam durch.)

Einstufung technischer und kaufmännischer Führungskräfte, vereinfacht in vier Gruppen dargestellt:

1. Berufsanfänger für einfache Arbeiten
2. Fortgeschrittene für schwierigere Arbeiten
3. Selbständige Führung von bis zu 25 Mitarbeitern
4. Selbständige Führung von mehr als 25 Mitarbeitern.

Ähnliche Vorgaben wie für Meister, die meist mit M 1, M 2, M 3 usw. bezeichnet werden, gelten für Techniker mit T 1, T 2, Kaufleute mit K 1, K 2 usw. Der Einkommensunterschied, hier im Tarif festgehalten, kann auch Stufen nach dem Alter enthalten. Die Differenzen von Stufe zu Stufe betragen je nach Branche DM 400,– bis DM 800,– im Monat. Die oberste Stufe des Tarifs liegt in der Regel – mit großen, branchenbedingten Schwankungen – derzeit bei rund DM 5000,– bis DM 6000,– brutto – und darüber, wenn besondere Aufgaben hinzukommen.

Marianne will natürlich eine möglichst gute Einstufung erhalten. Sie durchforstet deshalb die Stellenbeschreibung auf Eigenschaften und Aufgaben, die zu einer möglichst guten Stufe passen. Genauso prüft sie die eigenen Berufszeugnisse, weil nichts besser ist, als in den »höheren Bereichen« Tätigkeiten nachweisen zu können, die bereits mit Erfolg ausgeübt wurden. Marianne hat eine Einstiegsposition der Stufe »Fortgeschrittene für schwierige Arbeiten« plus einer Zulage von DM 200,- erhalten mit der Zusage, nach der Probezeit von sechs Monaten in die Stufe »Selbständige Führung von bis zu 25 Mitarbeitern« durchgestuft zu werden.

Ein sicher aus heutiger Sicht für beide Seiten, das Unternehmen und Marianne, brauchbares Ergebnis. Ich würde Marianne raten, nach rund 1 1/2 Jahren ein außerordentliches Gehaltsgespräch zu suchen. Wenn sie weiter so tüchtig ist, wird sie wohl – ohne Durchstufung – aufsteigen. Tarifliche Erhöhungen sind davon nicht berührt; ausgemacht ist, daß sie auch nicht verrechnet werden.

Fall 4:
Gehaltsverhandlung von Sachbearbeitern für Büro, Betrieb und Dienstleistungen

Wenn Sie zu dieser großen Gruppe gehören, dann sollten Sie sich auch mal die Tarifverträge von verwandten Branchen anschauen. Es können – bei sonst gleichartigen Qualifikationen – beachtliche Unterschiede vorhanden sein, die bei einem Stellenwechsel unter Umständen große Bedeutung erlangen. Die »Marktforschung« muß immer wieder zeigen, wo Lücken entstanden sind, in die die eigenen Qualifikationen hineinpassen und besser bezahlt werden.

Weil Angebot und Nachfrage den Preis bestimmen, sonst aber die Bedingungen und Möglichkeiten denen für mittlere Führungskräfte gleichen, soll hier an einem Beispiel gezeigt werden, wie man jahrelang beachtliche – mögliche – Gehaltsanteile verschenken kann.

Beispiel:
Herbert hat nach dem Schulabschluß etwas gebummelt und war vier Monate arbeitslos. Seine Suche nach einer Position war ineffektiv und unprofessionell. So sitzt er nun in seinem ersten Vorstellungsgespräch seinem Verhandlungspartner gegenüber.

Die spezielle Technik von Gehaltsverhandlungen

VERHANDLUNGSPARTNER: »Wie sind Ihre Gehaltsvorstellungen?«
HERBERT: »Meine Studienkollegen werden, soweit sie schon Positionen haben, rund DM 50 000,– im Jahr verdienen.«
VERHANDLUNGSPARTNER: »Unmöglich, DM 40 000,– inklusive aller Zulagen, das ist das Äußerste, was wir bieten können!«
HERBERT: »Wenn es nicht anders geht, ist das nicht so tragisch. Geld ist nicht alles im Leben.«

Herbert hat den Posten nicht bekommen – aus zwei Gründen. Erstmal – wie soll jemand sparsam im Interesse des Betriebes wirtschaften, wenn der Wert des Geldes so verachtet wird. Zum anderen ist es wohl sich selbst und den Mitarbeitern nicht zuzumuten, mit derartigen Nieten zusammenarbeiten zu müssen.
Bekommen hat den Posten Hubert. Der Gesprächspartner stellt ihm dieselbe Frage.

VERHANDLUNGSPARTNER: »Wie sind Ihre Gehaltsvorstellungen?«
HUBERT: »Wir haben ja noch gar nicht besprochen, was ich zu bieten habe. Können wir das nicht vorab tun?«
Nun wird die berufliche Qualifikation durchgesprochen, auch Arbeitsproben, vor allem die bisherigen Arbeitsstellen und Praktikumsnachweise kommen zur Sprache. Ein Blick in die Zeugnisse bestätigt den Eindruck.
VERHANDLUNGSPARTNER: »Na, wieviel wollen Sie haben?«
HUBERT: »Für diese Stelle muß das Gehalt angemessen sein – Sie haben doch mehr Erfahrung und einen gewissen Level im Betrieb. Wieviel verdient denn ein Mitarbeiter in dieser Position?«
VERHANDLUNGSPARTNER: »Mit allen Zulagen werden Sie auf rund DM 50 000,– jährlich kommen.«
HUBERT: »Einige meiner Kollegen haben für diese Summe abgeschlossen. Aber, wissen Sie, ich war immer besser als meine Freunde. Wie kann ich mich bei denen blicken lassen, wenn ich nicht mehr verdiene als sie? DM 55 000,– im Jahr sollten es schon sein!«
Nach einigem Hin und Her einigt man sich. DM 50 000,– für den Anfang, nach einem halben Jahr Probezeit DM 5000,– jährlich mehr. Plus die Tariferhöhungen ohne Anrechenbarkeit für übertarifliche Bestandteile.

Hubert ist heute, nach zwei Jahren, noch immer in der Firma. Er hat gefragt, ob er nicht doch ... etwas mehr Gehalt wäre doch nicht zu verachten. Ich habe ihm geraten, sich mindestens drei Monate voll einzusetzen – er vertritt den erkrankten Vorgesetzten. Dann sollte man vertrauensvoll miteinander reden. Vielleicht ist noch mehr, wesentlich mehr drin.
Ob diese Überlegungen wohl auch für andere Ebenen gelten? Sicher, doch auf der Sachbearbeiterebene sind sie von besonderer

Bedeutung, weil dort Leistungen, weniger die Schulqualifikationen verhandelt werden.

Fall 5:
Gehaltsverhandlung bei Erstpositionen von Diplom-Ingenieuren und -Kaufleuten

Wenn man heute die Anfangsgehälter dieser Berufsgruppen betrachten, die monatlich zwischen DM 1700,– (in manchen Branchen bekommt ein Auszubildender mehr Vergütung) und DM 6000,– liegen, bekommt man einen Eindruck, wie wenig diese Absolventen auf Ihren Berufsanfang und auf Gehaltsverhandlungen vorbereitet wurden. Ob sich diese Erfahrung auch auf andere Bereiche übertragen läßt?

Dazu beigetragen hat unter anderem die Professorenlaufbahn, bei der auch tüchtige Assistenten nicht die Chance einer fundierten Praxiserfahrung haben. Die dauernde Abhängigkeit von Studenten und Mitarbeitern muß zwangsläufig zu einer Überschätzung der eigenen Bedeutung führen, die oft nur auf den Vorlesungsbetrieb beschränkt ist. Wenn nun Absolventen ihre Professoren als Leitbild nehmen, erstarren sie in Hochachtung – und landen in einer Anfangsposition mit DM 1700,– monatlich. Eine Erziehung zum Gewinner, der über Verhandlungen eine (Dauer-)Bestform erreicht, ist selten.

Siegen beginnt mit hohem Gehalt. Das sind die Absolventen, die mit viel Bluff die DM 6000,– im Monat erreichten – und sich in der Regel grenzenlos überforderten. Gerade diese Absolventen kämpfen meist verzweifelt, ihre Vorstellungen und die berufliche Wirklichkeit in Einklang zu bringen. Oft weichen sie auf ein Spezialistentum aus, in dem sie ihre Anerkennung finden, häufig auch das Ende ihrer Aufstiegsmöglichkeiten.

Viele Absolventen haben aus den Erfahrungen anderer gelernt. So absolvieren viele zukünftige Ingenieure und Kaufleute nach dem Abitur und vor dem Studium eine Lehre. Das Ergebnis sind kritische Studenten, die durchaus die Differenzen zwischen Lehre und Berufsalltag erkennen und ihre Schlüsse daraus ziehen.

Dieser Kreis kann durchaus die genannten DM 6000,- im Monat und mehr erreichen – es kommt auf die Vorkenntnisse und die Firmen an, in denen diese gewonnen wurden. Eine erstaunlich hohe Quote hält sich nicht nur auf diesem Niveau, sondern steigt schnell auf.

Auch sind die psychologischen Komponenten nicht zu unterschätzen. Wenn der neue Assistent dem Meister im Betrieb beispielsweise sagen kann: »Ich habe bei der Firma Mannheimer Elektrotechnik gelernt und dann im EDV-Bereich bei Optima gearbeitet«, dann wird der Meister ihm zwar gelegentlich auf den Zahn fühlen, aber er wird nicht versuchen ihn hereinzulegen. Wer stellt andererseits einen diplomierten Theoretiker ein, dem der Papa sogar die Zeugnisse für die Praktika besorgte? Wenn dann noch Arroganz dazukommt, ist es vorbei. Es kommt auf den Menschen an! Ehrlichkeit kann dazu führen, daß aus dem Spötter ein Mentor wird, der über die schwierigen Klippen hinweg hilft.

Und wie sieht hier die Gehaltsverhandlung aus? Eigentlich gilt alles, was bisher gesagt wurde, sogar die Einstellung ohne eigentliche Gehaltsverhandlung – wie bei dem Berufsanfänger im Fall 2. Zwar will man in den Betrieben wissen, mit wem man es zu tun hat, scheut sich aber, Karrieren vor deren Beginn schon dadurch empfindlich zu stören, indem man möglicherweise in der Probezeit kündigt.

Sehr oft gehen Praktikanten nach dem Ausbildungsabschluß zurück in »ihre« Betriebe. Man kennt sich und will weiter zusammenarbeiten. Wenn der Boß dann sagt:

»Verlassen Sie sich darauf, daß ich Sie finanziell so stellen werde, wie das bei uns möglich ist. Sie werden für den Anfang etwas mehr erhalten als unsere Meister.«

Das bedeutet etwa DM 6000,- monatlich. Und das ist nötig, denn niemand erkennt einen Vorgesetzten an, der weniger verdient als er selbst. Dazu kommen nun Vergünstigungen, im einzelnen ... Einverstanden?

Dann können Sie mit Ihrem frischen Diplom nur nicken und sich höflich bedanken.

Sie kennen ja unterdessen die Firmenverträge und wissen, daß an diesen nicht viel zu rütteln ist, und daß Ihr Boß gleichzeitig versprochen hat, nach der Probezeit, die hier nur Formsache ist, noch einmal auch über die Bezüge zu sprechen – und bei jeder Ausweitung des Tätigkeitsfeldes wieder. Inwieweit ein Assistent Betriebsfahrzeuge auch privat nutzen kann, welche Zulagen die Kollegen haben, das muß ein »Insider« wissen. In guten Unternehmen, vor allem im mittleren Bereich, gilt auch heute noch Vertrauen gegen Vertrauen, man muß nur erst mal dazugehören.

Wie kann nun ein »Unternehmensfremder« einen derartigen Vorsprung, der ja erarbeitet wurde, ausgleichen? Natürlich versucht man von seiten der Schulen und der für den die Vermittlung der Absolventen verantwortlichen Personen an Zahlenmaterial zu kommen. Man bittet also befreundete Personalchefs, bei den Einstellungsgesprächen folgende Frage einzubauen:

Beispiel:
»Können Sie uns sagen, wieviel Sie nach Tarif bei uns verdienen werden?«
Das vorläufige Ergebnis:
- 2 % ziehen einen Bogen samt Kopie aus der Tasche, legen die Kopie vor und sagen:
  »Ich habe nach meinen Qualifikationen und den Anforderungen der Position hier alles aufgelistet – Sie können gern die einzelnen Positionen überprüfen lassen!«
- 2 % haben ähnliche Unterlagen, aber mit gravierenden Fehlern, besonders in der Wahl des Gültigkeitsbereichs. Die unterschiedlichen Gebiete haben sehr differierende Tarifverträge.
- Rund zwei Drittel haben keine Vorstellung, was ein Meister oder ein Betriebsleiter in dem Unternehmen, in dem sie sich beworben haben, verdient.

Der Rest redet sich mit Sprüchen heraus wie:
»Ich glaube, wir sind doch hier im außertariflichen Bereich.«

Wenn auch andere Unterlagen eine derartige Qualifikation beziehungsweise deren Fehlen zeigen, dann ist es kein Wunder, wenn das Gros der Bewerbungen gar nicht bis zur Gehaltsverhandlung führt.

Wie verhalten sich diplomierte Berufsanfänger bei der Gehaltsverhandlung denn am besten?

Lassen Sie die Firma ein Angebot machen. Natürlich liegt das an der untersten Grenze. Dann kontern Sie:

»Aber was ein Meister in Ihrem Haus verdient, das muß es schon sein!«

Sie werden die grienende Antwort hören:

»Na, was verdient denn ein Meister bei uns?«

Dann legen Sie Ihre Berechnung vor – Sie haben natürlich die oberste Stufe eingesetzt, die für Sie noch gar nicht in Frage kommen kann, und sagen:

»Ich nehme an, daß Sie Ihre Meister übertariflich bezahlen, nur kenne ich nicht die Höhe der Zulagen, auch die der sonstigen Vergünstigungen sind mir unbekannt!«

Dann sind Sie deutlich bei den DM 6000,– im Monat und darüber. Entsprechend der Aufgabe und der Qualifikation wird man sich in der Nähe des Betrages treffen.

Ein Unternehmen kann es sich auf Dauer doch gar nicht leisten, einen Bewerber mit Diplom einer Fachhochschule oder einer Hochschule schlechter zu bezahlen als einen Meister, der Hauptschule, Berufsschule und ein Jahr Meisterschule nachweisen kann.

Eine Argumentation muß verständlich, deutlich, griffig, unwiderlegbar sein, in unserem Fall muß sie Zusammenhänge nutzen, die sich in Hierarchien ergeben. Sie darf nicht nur das Einzelziel umfassen, sondern muß auf die Zukunft ausgerichtet werden.

Den Klartext werden Sie nicht aussprechen: »Ich will eine Position oberhalb der mittleren Führungsebene.« Gemeint haben Sie das aber, auch Ihren Partnern ist das deutlich geworden.

Und doch ist die Frage interessant, warum bei Vorstellungsgesprächen so unverhältnismäßig viele Akademiker scheitern, ohne jemals den Grund zu erfahren. Die Lösung ist einfach:

Bei einer jeden Vorstellung wird der Verhandlungsführer nach der Begrüßung kurz einige private Fragen nach Familie, nach Professoren oder Gemeinsamkeiten stellen – das soll zur Überleitung dienen. Zeit – maximal zwei Minuten, davon 30 Sekunden zum Kennenlernen und zur Kontaktaufnahme, eine Minute, um eine Beziehung aufzubauen, eine halbe, um zum Bewerbungsgespräch überzuleiten.

Der Bewerber ist über die Freundlichkeit erfreut und fängt an zu schwadronieren ... und nach 20 Minuten ist die Zeit um. Über nichts Wichtiges ist gesprochen worden, schon gar nicht über die Höhe eines Gehalts.

Zu einem zweiten Gespräch wird es nicht kommen. Die Kandidaten sind gar nicht bis zur Gehaltsverhandlung vorgedrungen, sondern vorher wegen mangelnder Zielstrebigkeit durchgefallen. Was ist daran schuld?

Die Arroganz der Bildung setzt voraus, daß Absolventen von Hochschulen solche »leichten Übungen« wie ein Vorstellungsgespräch allein durch ihre Intelligenz bewältigen müssen. Das stimmt einfach nicht. Woher sollen diese jungen Menschen denn über die auftretenden Situationen Bescheid wissen?

Hier hilft nur knallhartes Training:

Ablauf eines Vorstellungsgesprächs

0. bis 0,5. Minute	Begrüßung
0,5. bis 1,5. Minute	Persönliche Ansprache, Kontaktaufnahme, Aufbau einer ersten Beziehung
1,5. bis 2,0. Minute	Überleitung zum Fachgespräch
2,0. bis 10. Minute	Präsentation von Probearbeiten, Referenzen, Nachweis der Befähigungen und Erfahrungen
10. bis 14. Minute	Besprechung des Aufgabengebietes
14. bis 18. Minute	*Gehaltsverhandlung*
18. bis 20. Minute	Verabschiedung und Aufbruch zur Betriebsbesichtigung.

Das ist eine zielbewußte Vorstellung, bei der 6 bis 8 Minuten Reserve bleiben.

Es ist sehr schwer, Akademikern beizubringen, daß sie auch mal – wie bei einem Vorstellungsgespräch – die Führung zu übernehmen haben. Sie sind von Ihren Professoren so oft geduckt worden, daß sie erst reden, wenn sie gefragt werden. Das kann dazu führen, daß der Zeitplan platzt und alles verloren ist.

Die Gehaltsverhandlung ist nun mal der Höhepunkt eines jeden Vorstellungsgesprächs. Wer die Zeit nicht einteilen kann und rechtzeitig auf den Punkt kommt, der hätte besser gleich zu Hause bleiben können.

Gehaltsverhandlungen beim Stellenwechsel

Sie haben Ihre erste Berufserfahrung oder einen größeren Teil Ihres Berufslebens hinter sich gebracht. Sie wollen oder müssen das Unternehmen wechseln, um in gleicher, höherer oder in einer schlechter bezahlten Position Ihr Brot zu verdienen. Natürlich gibt es hier Überschneidungen mit den Gehaltsverhandlungen bei Erstpositionen; deswegen sollen zusätzlich einige besondere Fehler bei Gehaltsverhandlungen angesprochen werden. Vor allem soll die Gefahr, weniger als vorher zu verdienen, sorgsam untersucht und die wesentlichen Gegenmaßnahmen erwogen werden.

Fall 6:
Stellenwechsel von Facharbeitern – mehr verdienen als vorher

Ferdinand hat zwei Gesellen- beziehungsweise Facharbeiterjahre hinter sich; er ist nun das, was man einen gestandenen, erfahrenen Fachmann nennt. Er hat eine Freundin, die im Büro arbeitet, beide möchten heiraten, auch Kinder sind erwünscht. Wenn beide ihr Einkommen zusammenrechnen, wird es gerade reichen. Vor dieser Situation stehen Hunderttausende von jungen Menschen. Die Methode, den Chef bei Auftragsschwemme zu erpressen – »Chef, ich brauch' mehr Geld« –, funktioniert nicht mehr. Entweder sind zu wenige Aufträge da, oder diese sind so knapp kalkuliert, daß noch mehr gearbeitet werden muß, um in weniger Zeit zurechtzukommen.

Zeiten der Arbeitslosigkeit – mit Wiedereinstellung im bisherigen Betrieb – und Kurzarbeit schmälern das Jahreseinkommen weiter.

In eine andere Firma gehen? Die Unterschiede, die ausgehandelt werden können, sind minimal. Die Gefahr von Entlassung oder Kurzarbeit ist dort womöglich noch größer.

Die bittere Erkenntnis ist, daß mit einem Stellenwechsel die Probleme von Ferdinands Familie in finanzieller Hinsicht nicht gelöst werden können. Auch ein Nebenverdienst würde nur eine Besserung, aber keine grundsätzliche Wende bringen. Wäre

Ferdinand ein Ungelernter, dann träten die Probleme noch ungleich härter zum Vorschein.

Wenn eine Einkommenserhöhung über Verhandlung nicht möglich ist, dann muß sie über Ausbildung gesucht werden. Für Ferdinand bleibt die Wahl einer ein- bis anderthalbjährigen Ausbildung zum Meister oder einer zweijährigen zum Techniker, bei der ebenfalls der Meisterbrief erworben werden kann.

Es stehen also drei Wege offen:
1. Sich ohne zusätzliche Ausbildung mit einer Einkommenssteigerung von 5 bis 10 % durch Verhandlungen zufrieden geben, falls das möglich ist.
2. Ein Jahr bzw. anderthalb Jahre investieren, dann etwa 20 bis 50 % und mehr als angestellter Meister verdienen oder die Selbständigkeit suchen.
3. Zwei Jahre investieren, um dann als Techniker in größeren Betrieben als mittlere Führungskraft etwas mehr als der Meister an Einkommen zu haben.

Hinzu kommen zwei entscheidende Vorteile: die Arbeitsplatzsicherheit und ein Einkommen über das ganze Jahr hinweg. Auch ist nicht zu verachten, daß Meister und Techniker gesuchte Fachleute sind, wenn das zunehmende Alter die körperliche Leistungsfähigkeit reduziert.

Doch auch auf der Facharbeiterebene gibt es Aufstiegsmöglichkeiten – solche, die wesentlich besser bezahlt werden und zugleich eine höhere Arbeitsplatzsicherheit bringen.

In den letzten Jahren ist zum Beispiel die Fertigungstechnik sehr stark revolutioniert worden. Mechanische Maschinen wurden von elektronischen mit CNC-Steuerung abgelöst. Personen, die damit umgehen konnten, waren Mangelware. Zum anderen war es nicht ganz klar, welchem Berufsbild diese Spezialisten angehören sollten.

Mangel drängt immer auf Lösungen. So wurden in den Berufsausbildungszentren Werkstätten eingerichtet, in denen eine praxisgerechte Ausbildung vorgenommen wurde. Sie dauerte drei Monate. Es zeigte sich, daß es nicht darauf ankam, welchen Beruf die Kandidaten erlernt hatten. Im Holzbereich kamen sowohl Tischler als auch Schlosser, Mechaniker und Elektriker in Frage, ausschlaggebend war nur das Engagement.

Auch zeigte es sich als sekundär, ob nun diese Spezialisten aus Betrieben kamen und wieder dorthin zurückgingen oder ob sie aus anderen Unternehmen kommend, über einen Stellenwechsel die neue Aufgabe zu bewältigen begannen. Die Gehaltsverhandlungen waren vom geringen Angebot und der hohen Nachfrage geprägt. Es hat sich ein Pegel aus Tarif-Facharbeiterlohn plus außertariflicher Zulage plus rund 20 % vom Ganzen herausgebildet.

Die neue Ebene hat eine Reihe von weiteren Vorteilen. Weil bei diesen Arbeiten die körperliche Belastung gering ist, bringen vor allem Frauen ausgezeichnete Ergebnisse; das Alter mit der geringeren körperlichen Belastbarkeit verliert an Bedeutung.

> Wenn man schon vor jeder Gehaltsverhandlung mindestens drei bis sechs Monate besonders gute Leistungen bringen muß, um dann im besten Fall 5 bis 10 % mehr zu haben, ist es da nicht eine Überlegung wert, durch eine Zusatzausbildung eine neue Ebene zu erreichen, die deutlich mehr Geld und zusätzliche Vorteile bringt?

Ob Werkstatt, Büro oder Verwaltung – die Rationalisierung über den Einsatz weiterer Elektronik ist noch lange nicht zu Ende. Es bieten sich immer wieder neue Chancen, man muß sie nur nutzen. Die Stellenausschreibungen, auch aus verwandten Branchen, bringen selbst in Tageszeitungen immer wieder Anregungen. Es kann jedoch dieser »Aufstieg« auch unter Zwang erfolgen, weil eben neue Methoden alte verdrängen.

Fall 7:
Gehaltsverhandlung mittlerer Führungskräfte beim Stellenwechsel

Seit der Einstellung sind zwei Jahre vergangen. Der Meister, der Techniker, der Kaufmann, Damen wie Herren, haben die erste Berufserfahrung hinter sich und vor allem die Führungserfahrung gewonnen, die in den Schulen nur unvollständig vermittelt werden kann. Irgendwann in der beruflichen Laufbahn ist ein Wechsel nötig. Einige Ursachen dafür:

- Im Unternehmen gibt es keine Aufstiegsmöglichkeit und keine Einkommenssteigerung mehr.

- Das Klima im Betrieb ist unerträglich, Druck und Schikanen nehmen zu, man will einfach ausweichen – dabei vielleicht aufsteigen und etwas mehr verdienen.
- Das Unternehmen »kommt ins Schwimmen«, die Aufträge werden weniger, die Bonität wird schlechter, man merkt, daß das Geld knapp wird. Wer läßt sich schon sehenden Auges in eine Pleite hineinziehen?`
- In einem ganzen Gebiet herrscht Überangebot (Arbeitslosigkeit, die Löhne und Gehälter drückt). Man hat die Veränderungen der Technologie verschlafen.

Vier Gründe, die mit Ausnahme des zweiten »ehrenhaft« sind und bei einer Bewerbung durchaus akzeptiert werden. Beginnen Sie mit dem ersten Grund – die anderen drei wird man im Gespräch zwar zu ergründen suchen, doch werden sie keinen negativen Einfluß auf die Gehaltsverhandlungen haben.

Ungünstig mit steigender Tendenz wirkt sich auf Gehaltsverhandlungen aus:

- Bewerbungen aus einem Unternehmen heraus, das offensichtlich in Schwierigkeiten geraten ist – wenn Sie zu den maßgeblichen Personen gehören.
- Bewerbungen bei bereits angemeldetem Vergleich oder Konkurs, Sie also schon in Schwierigkeiten sind.
- Bewerbungen aus der Arbeitslosigkeit heraus, je länger diese andauert, um so schlimmer.
- Bewerbungen aus Positionen heraus, die kurz nach einer Pleite gewonnen wurden.

In den ersten beiden Fällen wird es mit Sicherheit schwierig, das bisherige Einkommen zu steigern – der Kandidat wird froh sein müssen, den Standard zu halten.

In den letzten beiden Fällen – aus der Arbeitslosigkeit heraus oder aus einem offensichtlich persönlichen Scheitern – gibt es eigentlich nur einen Weg, fundiert wieder Boden unter die Füße zu bekommen: Man schiebt eine zusätzliche, nicht zu kurze Ausbildung in einem praxisrelevanten Bereich dazwischen.

Soweit zu den Vorüberlegungen. Sie sehen, daß sich außerordentlich vielfältige Gespräche entwickeln werden. Auf einmal sind nicht nur die Eigenschaften, Fähigkeiten und Qualifikationen von Bedeutung, sondern auch die Ursache des Wechsels.

> Sie haben nun ungleich mehr zu verkaufen, als das bei der Ersteinstellung der Fall war. Beweise sind Ihre Zeugnisse. Wie gut war es, daß Sie rechtzeitig Zwischenzeugnisse verlangten, die dann einen positiven Einfluß auf das Endzeugnis hatten. Welcher Chef will sich nachsagen lassen, daß ein Abschlußzeugnis schlechter ausfällt als das Zwischenzeugnis?

Wie ist nun diese Erfahrung in Einkommen umzuwandeln?
Die beste Methode ist die des »Trittbrettfahrens« – weil Ihre Verhandlungspartner bei Einstellungsgesprächen in den seltensten Fällen die Inhaber der Unternehmen, sondern selbst Angestellte (mit einem wohl immer ergänzungsbedürftigen Gehalt) sind, die dem eigenen Vorteil nachjagen, auch wenn das Unternehmen dabei etwas zu kurz kommt. Es wird sich ein Gespräch entwickeln, das etwa folgenden Inhalt hat:

VERHANDLUNGSPARTNER: »Welches Gehalt haben Sie sich vorgestellt?«
Sie nehmen allen Mut zusammen und antworten:
SIE: »Ich habe mich natürlich umgehört, nachdem mir die Stellenbeschreibung, die Anforderungen und die Einsatzbreite bekannt waren. Diese Positionen sind mit etwa DM 70 000,– im Jahr ausgeschrieben. Das ist sicher die untere Grenze, denn wer bietet schon mehr als er muß. Soviel sollte ich allerdings mindestens haben!«
Sie haben natürlich die oberste Grenze benannt.
Zu Ihrer Verwunderung hören Sie nun:
VERHANDLUNGSPARTNER: »Etwas Spielraum ist da schon noch drin!«
SIE: »Wie hoch ist denn ein Einkommen, das in den Rahmen dieses Unternehmens paßt?«
VERHANDLUNGSPARTNER: »Eine Fachkraft mit Ihren Erfahrungen liegt bei uns etwa bei DM 80 000,– im Jahr. Aber ich habe vorab noch andere Fragen, zum Beispiel . . .«

Sie werden bei der endgültigen Verhandlung dann DM 85 000,– plus Betriebsrente plus Firmenfahrzeug plus Mietzuschuß verlangen – und wahrscheinlich auch bekommen.
Wenn Sie nach Ablauf Ihrer Kündigungszeit dann in diesem Unternehmen anfangen, wird Ihr Gesprächspartner Sie außerordentlich freundlich begrüßen, Ihre neuen Kollegen, ja sogar die Vorgesetzten werden sehr hilfsbereit und zuvorkommend sein.
Warum? Sie haben das Gehaltsgefüge geknackt, jede und jeder in der gesamten Hierarchie hat eine Aufbesserung bekommen. Sie

haben Ihren Einstand bezahlt und werden dafür mit offenen Armen aufgenommen. Man nennt das »Trittbrettfahren«, angewandt sowohl bei neuen Mitarbeitern als auch bei solchen, die bisher im Hause tätig waren und deren Position stark genug ist, den Vorreiter zu spielen.

Sie wollen wissen, wie oft das passiert? Man schätzt, wenn man alle positiven Gehaltserhöhungen zusammenzählt, daß »Vorreiter« rund 80 bis 90 % davon ausgelöst haben. Man munkelt, daß Spezialisten aus der EDV in der Vergangenheit so viele Schübe »produziert« haben (sie waren eine Zeitlang unabkömmlich und Mangelware), daß letztlich die Firmen in Schwierigkeiten kamen, weil Gewinne ganz oder teilweise aufgezehrt wurden.

In der Regel kommen derartige Entwicklungen aus der mittleren Ebene, aus Positionen, die schwer zu ersetzen sind, deren Inhaber noch in der Aufstiegsphase rigoros vorgehen. Natürlich passen andere Verhandlungstechniken, wie die der höheren Ebenen, auch gut in diesen Mittelbereich.

Fall 8:
Besonderheiten der Gehaltsverhandlung beim Wechsel auf der Sachbearbeiterebene

Gerade in diesem Bereich hat die Elektronik breite Schneisen hinterlassen, nicht anpassungsfähige Mitarbeiter haben ihre Positionen verloren. Und sie werden keine neuen bekommen, wenn sie sich nicht qualifizieren. So gilt das, was im Fall 6 für Facharbeiter gesagt wurde, in einem noch gravierenderem Maße. Die typische Gehaltsverhandlung ist in den weitaus meisten Fällen geprägt von starken Einkommensverlusten. Dies gilt bei nicht mehr benötigten Qualifikationen, relativ hohen Zuwachsraten und wenn neues Wissen sowie die Erfahrungen mit neuen Techniken, zu denen auch Organisationsformen gehören, eingekauft und in die Firma eingebracht werden können.

Gerade auf der Sachbearbeiterebene mit ihrem hohen Anteil an weiblichen Beschäftigten wird eine geradezu gemeine Vorgehensweise angewandt, um das Gehaltsniveau zu drücken. Dies ist sozusagen die Gegenseite zur »Trittbrettfahrermethode«. Irgendwo muß man ja zu sparen beginnen.

Besonders bei geschiedenen Frauen, die Unterhaltszahlungen erhalten, und bei Personen im Rentenalter wird wohl regelmäßig die Frage gestellt:

»Haben Sie *zusätzliche Einkünfte?*«

Damit sind Einkünfte aus Vermögen, aus Pensionen, aus Renten, aus Unterhaltszahlungen gemeint. Wenn Sie sich hier zu Zugeständnissen hinreißen lassen, geben Sie praktisch alle Trümpfe aus der Hand. Der Arbeitgeber

- setzt bei finanzieller Unabhängigkeit eine geringere Leistungsbereitschaft voraus,
- fürchtet harte Reaktionen auf Ungerechtigkeiten und eigenes rigoroses Vorgehen,
- fürchtet eine Führerrolle bei gemeinsamen Zusammenschlüssen von Mitarbeitern gegen Mißstände,
- will in der Gehaltsverhandlung einen Einbruch in das Lohn- und Gehaltsniveau der Ebene erreichen, möglichst auf oder unter Tarif.

Lassen Sie es sich nicht gefallen, wenn man ein kleines Gehalt mit Ihren Einkünften subventionieren will. Eine derartige Frage wird man nicht mit Aggressivität und Ärger kontern, sondern lachend:

»Schön wäre das – ich würde mich wohl kaum so intensiv um eine Position bewerben, wenn ich finanziell unabhängig wäre!«

Im Klartext, den Sie nicht aussprechen, heißt das:

»Mein sonstiges Einkommen geht niemanden etwas an, wenn es nicht gegen meine Vertragspflichten aus dem neuen Arbeitsverhältnis verstößt!«

Versuchen Sie in diesem Bereich nie, durch zu großes Entgegenkommen das Wohlwollen der anderen Seite zu gewinnen. Wenn Sie zu »Dumping-Preisen« einsteigen, werden sehr schnell Indiskretionen zu Ihrer Einkommenshöhe auftreten. Zur Verärgerung kommt der Neid. Sie werden in diesem Unternehmen sicher des Lebens nicht mehr froh.

Wenn Sie Einkünfte aus ererbtem Vermögen haben, werden Sie ohnedies scheel angesehen. Ihre Mitarbeiter werden dann Solidarität in Gehaltsfragen als das Mindeste ansehen, was man von derart begünstigten Personen verlangen kann. Ja noch mehr – früher oder später werden Sie sicher in »Vorreiterrollen« gedrängt, um durch Sie »trittbrettfahren« zu können.

Eine andere Frage zur Gehaltshöhe ist ebenso auf der Sachbearbeiterebene beliebt:

»Sie waren von ... bis ... *arbeitslos*. Was haben Sie in dieser Zeit gemacht? Warum haben Sie nicht schneller wieder Arbeit gefunden?«

Der verurteilende, anklagende Ton trägt dazu bei, die Betroffenen zutiefst zu verunsichern. Sie müssen für diese Zeit ein Alibi haben, eine fundierte Antwort bringen, die keine Schwächen enthält. Die Antwort muß zu Ihrem Lebenslauf passen und auch in diesem enthalten sein.
Am besten ist natürlich eine Fortbildungsmaßnahme, die zu Ihrem Berufsweg paßt. Elektronik, Organisation, Sprachen – lassen Sie sich nie hängen, beginnen Sie immer nach einer Entlassung mit diesem Alibiaufbau. Sie müssen in der gewonnenen Zeit stärker, nicht schwächer werden, dann können Sie Ihrem Verhandlungspartner klar machen, daß Sie nicht jede Position annehmen, sondern nur eine, in der Sie sich entwickeln und gut verdienen können. Machen Sie klar, daß die Arbeitsplatzsicherheit einer der Gründe ist, warum Sie sich gerade um die augenblickliche Position bewerben.

Eine dritte Frage ist bei Sachbearbeitern und Sachbearbeiterinnen sehr oft von großer Bedeutung: Man will wissen, ob Sie *mit anderen Firmen in Verhandlung* stehen. Sorgen Sie dafür, daß Sie immer mindestens eine weitere Bewerbung laufen haben, damit Sie im Brustton der Überzeugung sagen können:

»Selbstverständlich! Allein dadurch, daß ich mich intensiv mit den Anforderungen an diese Art von Positionen, die sich doch beachtlich änderten, befassen mußte, ist es zu Kontakten gekommen, die durchaus einiges versprechen!«

Geben Sie nie zu, daß Sie in einer Sackgasse stecken. Es gibt viele Stufen der Lüge, die Ihre muß ein Fünkchen Wahrheit enthalten. Es genügt, wenn Ihre Bewerbung den Charakter eines abge-

gebenen Lottoscheins hat, um nicht als Lügner hingestellt zu werden.
Übrigens – niemand kann Sie zwingen, den Namen eines Unternehmens zu nennen, wenn Sie das nicht wollen. Zum anderen könnte die Nennung sehr wirksam sein, wenn es sich um ernsthafte Verhandlungen mit der Konkurrenz handelt.

Die vierte Problematik ist die härteste – *die Altersfrage*. Während Führungskräfte wie guter Wein mit zunehmendem Alter immer besser werden – das gilt besonders für den Verkauf von Investitionsgütern –, sollten Sachbearbeiter immer maximal 35 Jahre alt bleiben. Die Ursachen sind nicht nachvollziehbar, denn gerade in diesen Bereichen können ältere Mitarbeiterinnen und Mitarbeiter überdurchschnittliche Leistungen bringen.
Je besser Sie – zum Beispiel mit 50 Jahren – auf diese Frage vorbereitet sind, um so mehr werden Sie Positives gewinnen können. Am besten entkräftet man Einwände dieser Art folgendermaßen:

VERHANDLUNGSPARTNER: »Ausgeschrieben war die Stelle für Personen im Alter von rund 35 Jahren – Sie sind 50 Jahre alt. Wie stellen Sie sich dazu?«
SIE: »Ich habe in den letzten zwei Jahren keinen Tag durch Krankheit gefehlt und meine Aufgaben immer ›zur vollsten Zufriedenheit‹ meiner Vorgesetzten erfüllt. Steht ja alles in meinen Zeugnissen. Ich werde die nächsten zehn Jahre – eine lange Zeit – sicher voll mithalten können. Übrigens haben Sie selbst ja bereits die Antwort gegeben. Hätten Sie Mühe und Zeit für dieses Gespräch erübrigt, wenn Sie nicht genauso denken würden?«

Ich habe erlebt, daß Personen, die deutlich über 60 Jahre alt waren, mit dieser Argumentation gegenüber Jüngeren gewannen – allerdings in Positionen, von denen man wußte, daß diese in einem oder in zwei Jahren abgebaut würden.
In der Regel hat es doch länger gedauert, oder die »Oldies« waren dann einfach besser als ihre jüngeren Kolleginnen und Kollegen.
Auf derartige Argumente müssen Sie in Verhandlungen vorbereitet sein – damit Sie sachlich, ruhig und fundiert gewinnen können. Sie verlieren, wenn Sie aggressiv werden, und Vorurteile und Borniertheit als solche bezeichnen, statt sie lächelnd auszumanövrieren, wenn Sie also nicht in der Lage sind, die bereits gewährte Chance des Gespräches als Argument zu nutzen.

Fall 9
Stellenwechsel und Gehaltsverhandlung von diplomierten Fachleuten

Wie auf der mittleren Führungsebene wird dieser Personenkreis Führungserfahrung gewonnen oder auf paralleler Ebene eine beachtliche Fachqualifikation erworben haben, die früher oder später zumindest in der Führung eines Teams münden muß. Wer beim Stellenwechsel diese Aspekte mißachtet, wird, abgesehen von wenigen Ausnahmen, als Spezialist steckenbleiben. Das ist nicht nur mit niedrigem Einkommen verbunden, gemessen an Führungskräften, sondern auch mit einem beachtlichen Arbeitsplatzrisiko und mit Problemen beim Gewinnen einer neuen Position oder gar auf dem Weg in die Selbständigkeit.

Bei Verhandlungen wird in diesem Kreis oft eine Methode angewandt, die man den »Bauernfängertrick« nennt. Es ist eine alte Erfahrung, daß bei Einstellungsgesprächen dann, wenn mehrere Personen auftreten, der »Entscheidungsträger« derjenige ist, bei dem man es am wenigsten erwartet. Hier wird aber gezielt eine Person vorgeschickt, die zum Beispiel sagt:

»Bevor ich Sie den anderen vorstelle, sagen Sie mal, mit welcher Vergütung rechnen Sie eigentlich?«

Wenn Sie in diesem Stadium antworten, dann haben Sie bereits wesentliche Trümpfe aus der Hand gegeben. Am besten antworten Sie:

»Ich bin für alle Vorschläge offen – zuerst müssen wir uns wohl über Details der Position klar werden!«

> Aufgepaßt – wenn Sie einen Preis nennen, wird dieser zum Ausgangspunkt der Verhandlung. Zum anderen wird man Sie um so tiefer einstufen, je anfälliger (Arbeitslosenzeiten, viele Jahre in gleicher Position) Sie wirken.

Ähnlich wirkt die Frage:

»Wieviel verdienen Sie zur Zeit?«

Nun sind viele erfahrene Personalberater der Meinung, daß gute Fachleute einen Posten nur wechseln sollten, wenn 10 bis 20 % mehr Einkommen und/oder zusätzliche Aufstiegsmöglichkeiten drin sind.

Das kann dazu führen, daß Sie sowohl zu teuer als auch zu billig sind. Angenommen, Sie kommen aus einer Firma, bei der Sie hervorragend verdienen, die aber zu wackeln beginnt. Sie können antworten:

»Ich gehe bei Mommsen nicht weg, weil ich zuwenig verdiene. Mir ist das Vorwärtskommen wichtiger, ich will einem größeren Kreis vorstehen und mehr Bedeutung haben, größere Aufgaben und Verantwortungen übernehmen. Bei Mommsen habe ich DM 90 000,– im Jahr verdient, hier sollten es dann mindestens DM 100 000,– sein. Auch für mich muß trotzdem die Regel gelten, daß eine wirklich gute Fachkraft praktisch immer deutlich weniger verdient, als sie dem Unternehmen bringt.«

Warten Sie es ab, wie diese Argumentation verfängt, mit welcher Kombination von Leistungen man versuchen wird, einerseits Ihren Wünschen zu entsprechen und zum anderen eine Unruhe im Gehaltsgefüge des Unternehmens zu vermeiden.

Ein derartiges Vorgehen funktioniert aber nur, wenn Ihre eigene Position noch ausreichend sicher ist und Sie etwas pokern können. Dabei können die Basiszahlen für den vorausgesetzten Personenkreis, besonders bei den Altersgruppen zwischen 35 und 40, um beachtliche Summen höher liegen.

Was ist nun aber, wenn Sie einen Posten brauchen und mehrere Verhandlungen an Ihrer Gehaltsvorstellung scheiterten? Wenngleich die Methode, ein Angebot abzuwarten, die bessere ist, so können Sie gezwungen sein, auf die Frage nach dem letzten Einkommen zu antworten. Hier ein Vorschlag:

»Ich habe gut verdient, etwa DM 80 000,– im Jahr, dazu sonstige Bezüge von DM 10 000,–, so daß mein Gesamteinkommen bei rund DM 90 000,– brutto lag. Wechseln werde ich nicht wegen der Einkommenshöhe, sondern um in Ihrem Haus voranzukommen, beruflich eine nächste Stufe zu nehmen. Üblich sind bei Stellenwechseln Steigerungen von rund 10 bis 20 % – auch ein Umzug verursacht Kosten, die Steuern sind progressiv. Ich bin an der Position sehr interessiert, wie weit können Sie mir entgegenkommen?«

Auch hier können die Basiswerte wesentlich höher liegen. In der Regel wird man sich auf das alte Gehalt plus rund 5 % einigen, oder man wird eine stufenweise Angleichung anbieten. Dann sollten Sie allerdings vorsichtig sein. Einer finanziell seriösen Firma dürfte es nichts ausmachen, einer guten Fachkraft sofort ein noch angemessenes, wenn auch hohes Gehalt zu zahlen.

Einige grundsätzliche Ratschläge:

- Unterscheiden Sie genau zwischen Gehalt und Gesamtvergütung, bitten Sie um Detaillierung.
- Bringen Sie auf keinen Fall eine zu niedrige Gesamtvergütung zur Sprache. Sie könnte als Meßlatte dienen, um für Sie ungünstig abzuschließen.
- Verlassen Sie sich nie auf Phantombeschreibungen wie »das übliche Niveau«. Das kann viel, das kann wenig sein. Verlangen Sie Zahlen!
- Machen Sie Ihrem Verhandlungspartner klar, daß ein zu niedriger Abschluß auf Dauer zu Unzufriedenheit führt, ungünstige Auswirkungen haben könnte.
- Werden Sie sich auf alle Fälle lange vor jeder Verhandlung klar, ob Ihr derzeitiges Einkommen wirklich überdurchschnittlich hoch ist!

Wenn auch nur eine Frage unklar ist, dann sollten Sie Ihr Einkommen nicht nennen und versuchen, die Grenzen in der Verhandlung selbst zu ergründen.

Fall 10:
Gehaltsverhandlung erfahrener Führungskräfte und Hochschulabsolventen

Je umfassender die Ausbildung ist, desto eher tendieren die Verhandelnden zu unkontrollierten »Reflexreaktionen«, die alles, was geheim bleiben soll, verraten.

Man kann das dazu nutzen, einen Eindruck des »Klimas« zu erhalten. Mir ist es selbst passiert, daß ein Verhandlungsführer, nachdem er mehrmals nach dem letzten Gehalt fragte und selbst statt dessen um ein Angebot gebeten wurde, derart ausfallend wurde, daß ich die Verhandlung abbrach. (Es hat ihn übrigens den Posten gekostet, denn ich habe mich bei der obersten Geschäftsführung beschwert.)

Besonders, wenn Personalchefs zu lange ihre Tätigkeit ausüben, glauben sie, auf die Feinheiten der Körpersprache keine Rücksicht mehr nehmen zu müssen. Das bringt dem Bewerber eine Fülle von Vorteilen und Informationen.

> **Einige grundsätzliche Ratschläge:**
>
> - Sie müssen trainiert genug sein, Erschrecken zu verbergen; Angst würde als Schwäche ausgelegt.
> - Werden Sie nicht verlegen, übergehen Sie Peinlichkeiten; das ist für beide Seiten besser.
> - Zeigen Sie niemals Verachtung. Gleichen Sie grobe Fehler der anderen Seite wohlwollend aus – wenn Sie sich nicht besser zum Abbruch entschließen.
> - Lassen Sie nie den Eindruck des Unverständnisses aufkommen, fragen Sie besser rechtzeitig nach.
> - Hüten Sie sich vor allem vor jeder Aggression. Man kann eine Sache immer höflich weiter oder zu Ende bringen.

Natürlich gilt das für jede Verhandlung, für jedes Vorstellungsgespräch. Ausgeglichenheit, Gelassenheit und innere Ruhe sind aber für Gehaltsgespräche besonders wichtig. Ein hörbares Schlucken und ständiges Wegsehen kann Sie wesentliche Vorteile kosten.

Sie sind kein Anfänger mehr. Deshalb müssen Sie zeigen, daß Sie sich nicht über den Tisch ziehen lassen: hart und deutlich, aber höflich und zuvorkommend. Wo können Sie mehr Verhandlungsgeschick und Durchsetzungsvermögen in einer psychologisch geschickten Form demonstrieren, als in dieser Gehaltsverhandlung!

Es folgen einige Stufen der Verhandlung, die variierbar sind und unterschiedlich aneinandergereiht werden können:

- »Es ist sicher besser, wenn wir über die Gesamtvergütung reden, denn die Angabe des Gehalts allein kann recht irreführend sein!«

Sie haben die Frage nach dem bisherigen Einkommen umgangen und dessen Höhe nicht preisgegeben, aber gezeigt, daß Sie sich mit den Details der Bezüge befaßt haben.

- »Es gibt sicher ein besseres Bild, wenn ich erstmal das vorstelle, was ich dem Unternehmen bieten kann!«

Das Gespräch ist unverfänglicher geworden, natürlich muß den Gesprächsführer interessieren, was Sie aus Ihrer Sicht zu bieten haben. Sie werden Zusatzfragen stellen, man wird sich näher kommen und eine Beziehung aufbauen, bevor über ein Angebot gesprochen wird.
Wenn dann über die Bezüge zu sprechen ist, werden Sie den Verhandlungspartner ermuntern:

- »Sie haben doch in Ihrer Firma einen Einkommenslevel, an dem Sie sich orientieren können – was wird in dieser Position in Ihrem Haus gezahlt?«

Sie haben nun einen wesentlichen Punkt umgangen – die Ebene der Verhandlung ist festgelegt. Natürlich werden Sie keine Überraschung zeigen, wenn die Summe höher ist, als Sie erwartet haben, und kontern:

- »Ist das nun die Untergrenze? Wie steigert sich die Summe mit den Jahren und mit der Übernahme von zusätzlichen Aufgaben?«

Wenn nun Ihr Gegenüber lacht:

»Sicher, Sie können Vorstandsvorsitzender werden, es ist ja bekannt, daß dieser fast eine Million Mark im Jahr verdient – aber bis dahin dauert es wohl noch eine Weile. Spaß beiseite . . .«

Sie wissen nun, daß Sie gewonnen haben und eine Einigung erfolgen wird.

Die andere Form hat bittere Konsequenzen für Sie und das Unternehmen. Gerade in Rezessionszeiten ist eine harte Haltung – die man glaubt, sich leisten zu können – mit fehlender Bereitschaft zum Ausgleich bei Personal- und Gehaltsverhandlungen weit verbreitet.

Jeder erfahrene Personalberater wird Beispiele aufzeigen können, daß wegen weniger Hundertmarkscheine im Monat die »Motoren« die Unternehmen verlassen haben, das sind die Personen, die das Ganze in Gang hielten, die vor allem die Garanten für Programme und Gewinne der Zukunft waren. Gleiches wird man von Einstellungsverhandlungen mit Personen hören, die ein Unternehmen hätten retten können, aber an Kleinigkeiten scheiterten.

Verhandlungen zur Gehaltserhöhung in gesicherten Positionen

Verhandlungen mit Berufsanfängern basieren auf Erwartungen, die durch Praktika, durch Zeugnisse und die eigene Erfahrung hervorgerufen werden. Bei Stellenwechsel wird man sich mehr auf Zeugnisse und Referenzen verlassen müssen oder auch auf Rücksprache mit einem der früheren Vorgesetzten – eine direkte Rückfrage beim derzeitigen Vorgesetzten ist ein schwerer Vertrauensbruch.

Gewiß kann auch ein überraschend hohes Angebot bei einem Stellenwechsel die Bereitschaft zu verhandeln reduzieren; zum anderen ist die Vorentscheidung, Ihnen ein Angebot zu machen, ein deutliches Signal.

Bei internen Gehaltsverhandlungen liegen viele Fakten bereits fest, und beim Umfang der Einkommenserhöhung ist viel weniger Spielraum. Auch Ihre Fähigkeiten und Erfolge weiß man zu schätzen, nur dort und da müssen einige Ansichten zurechtgerückt werden. Sehen Sie sich den Verlauf einiger Verhandlungen an.

Fall 11:
Innerbetriebliche Lohnverhandlung auf Facharbeiterebene

Wenn auch immer das Gegenteil behauptet wird und man von einem bedeutenden Mangel an Facharbeitern spricht, so kann man diese Ebene doch am schnellsten wieder neu besetzen. Die Statistiken der Arbeitsämter sprechen Bände. Das gilt vor allem dann, wenn Schübe in der Technologie bisheriges Wissen entwertet haben und man staatlichen Stellen die Kosten der Umschulung ganz oder teilweise zuschieben möchte. So kommt es immer wieder in größerem Umfang zu Entlassungen, Umschulung der Arbeitslosen und Wiedereinstellung.

> **Ein Grundsatz:**
> Je schlechter und geringer die Ausbildung, desto größer das Arbeitsplatzrisiko.

Betroffene Arbeitnehmer sollten die Zeit der Arbeitslosigkeit nutzen und sich weiterbilden: beispielsweise durch den ein- bis zweijährigen Besuch von Meister- und Technikerschulen, die von den Landesversicherungsämtern und den Arbeitsämtern gestützt werden. Ziel ist die Rückkehr in den Betrieb – nun als Meister, als Techniker oder auf einer anderen Ebene. Auch die Unternehmen unterstützen finanziell ein derartiges Vorgehen, um gute Mitarbeiter nicht zu verlieren. Mittlere Führungskräfte mit hoher branchenbezogener Qualität sind Mangelware.

Wird bei derartigen Praktiken – umfangreich angewandt! – die Lohnfrage nicht auf Kosten der Allgemeinheit gelöst?

Das Gegenteil ist der Fall:

- Der Mitarbeiter erhält einen höheren Rang und mehr Einkommen.
- Das Unternehmen bildet sich – mit Hilfe der Schulen – einen Mitarbeiter auf mittlerer Ebene aus, der die spezifischen Probleme kennt und bearbeiten kann.
- Die Allgemeinheit meidet einen Invaliden, der körperlich den Ansprüchen nicht mehr gewachsen ist, der aber nun auf seiner Ebene bis zur Altersgrenze gute Arbeit leisten kann.
- Der Mitarbeiter zahlt ein Mehrfaches an Steuern und Sozialbeiträgen, als er durch Ausbildungssubventionen erhalten hat.

Für die Hochschulen werden Milliarden ausgegeben, warum nicht auch eine Stützung der unteren und mittleren Ebenen? Beide Gelder sind gut angelegt.

> Die beste Form einer Gehaltsverhandlung ist in einer langfristigen Lösung zu finden, bei der eine Zusatzqualifikation die Übernahme neuer Aufgaben erlaubt, die dann auch entsprechend bezahlt werden.

Gehalts- beziehungsweise Lohnverhandlungen sind immer beschränkt, wenn das Niveau der Arbeit gleich bleibt. Das Ende der Fahnenstange ist schnell erreicht. Mit Zusatzschulungen können viele Stufen erklommen werden. Maschinenführer sind für Anlagen im Millionenwert verantwortlich; mit der Veränderung der Arbeitsbedingungen haben sich auch die Wege zu mehr Einkommen erheblich gewandelt.

Natürlich wird man auch zwischendurch – wenn man eingearbeitet ist und meint, daß die Leistung stimmt – den Vorgesetzten um eine Gehaltserhöhung bitten. Hier einige *psychologisch überlegte Bedingungen*, die Sie nicht ohne Not mißachten sollten:

- Sagen Sie nie:

    »Ich muß zwei Mark die Stunde mehr haben, ich komme nicht mehr mit meinem Geld aus!«

    Ihr Vorgesetzter reagiert auf Druck genauso wie Sie – erstmal sauer, auch wenn Sie recht haben.

- Drehen Sie die Sache um:

    »Alles ist teurer geworden, meine Familie wird demnächst größer, ich weiß nicht mehr, wie ich finanziell zurechtkommen soll!«

    Wenn Sie ein guter Mitarbeiter sind, verläßlich und fleißig, wird Ihr Vorgesetzter Ihnen helfen wollen und sagen:

    »Sie wissen, daß ich an den Stundenlöhnen nicht viel ändern kann. Wir zahlen ohnedies übertariflich. Ich mache Ihnen aber einen Vorschlag: In der Abteilung Huber werden Überstunden gemacht, mehr als die Mitarbeiter eigentlich wollen. Melden Sie sich dort, ich werde mit Huber sprechen. Das hat auch noch den Vorteil, daß Sie sich dort einarbeiten können; Sie wissen, wir zahlen dort nach Art der Maschine, die Sie bedienen. Das bringt auch einiges. Wenn der Auftragseingang so bleibt, kann ich Sie vielleicht später versetzen!«

- Sie müssen immer das Ganze sehen. Sie haben zwar jetzt je Stunde nicht mehr Lohn bekommen, aber über Überstunden oder Wochenenddienst mehr Geld in der Tasche. Vor allem aber bietet man Ihnen eine zusätzliche innerbetriebliche Ausbildung an, die langfristig zu mehr Geld je Stunde und zu einer sichereren Position führt. Das Risiko der Arbeitslosigkeit ist geringer geworden.

- Sie sind hier »dem Unternehmen mehr wert geworden«. Man kann Ihnen helfen, ohne das Lohngefüge und damit das der Kosten zu stören. Wenn Sie aggressiv fordernd vorgehen, nehmen Sie dem Vorgesetzten die Möglichkeit, Ihnen von sich aus kraft seiner größeren Übersicht zu helfen und damit gleichzeitig dem Unternehmen zu nutzen, er verliert damit die Möglichkeit, seine Handlungsweise zu begründen.

Ein letzter Rat: Wenn Sie körperlich schwer arbeiten, sollten Sie bei jedem Wunsch nach mehr Gehalt überlegen, daß Sie dann noch mehr malochen müssen. Früher oder später werden Sie verschlissen sein, das Lebenseinkommen wird zurückgehen.

Fall 12:
Innerbetriebliche Gehaltsverhandlung von Sachbearbeitern

Übertragen gilt natürlich all das, was im Fall 11 angesprochen wurde. Selbst die Überlegungen zu einem Aufstieg bei körperlicher Überlastung gelten voll, ja sogar noch wesentlich stärker als bei Berufen, in denen es auf Körperkraft ankommt.

Was will eine Schreibkraft denn anfangen, wenn sie immer wieder Sehnenscheidenentzündungen bekommt? Kündigen oder ein Wechsel auf eine andere, meist schlechter bezahlte Position ist keine Lösung. Bleibt nur das Durchstarten zu einer Sachbearbeiterinnenposition oder der einer Sekretärin, die weniger mit Maschine oder Computer schreiben muß. Also auch hier der Rat: Aufstieg und mehr Einkommen durch eine zusätzliche Qualifikation. Zum anderen – was ist der Unterschied zwischen einem Sachbearbeiter/einer Sachbearbeiterin und einer Führungskraft?

Auch Sachbearbeiter müssen Persönlichkeit haben. Wie sollten sie mit Personen zurechtkommen, die Hilfe und Rat suchen, wenn das nicht so wäre? Beurteilt wird jedoch vorwiegend die »Arbeit«, der reibungslose Ablauf der Tätigkeit nach Gesetzen, Vorschriften und internen Regeln sowie der Umgang im Kollegenkreis. Das bedeutet Ersetzbarkeit; der Weg zum »Lean-Beraten« – der abgemagerten Form, die durch schriftlichen Rat nicht schlechter werden muß – wird einen hohen Anteil der Sachbearbeiter ihre Positionen kosten.

Es wird sich immer mehr durchsetzen, daß die Arbeit und nicht die Person bezahlt wird, das heißt, daß zu jedem Arbeitsplatz, zu jeder Maschine eine spezielle Entlohnung gehört. Wer mehr verdienen will, der muß sich entweder die Qualifikation erkämpfen, an einer anspruchsvolleren, »besser bezahlten« Maschine zu arbeiten, oder er muß im Rahmen der Möglichkeiten einen Aufstieg erreichen, der sich im Bereich der Mitarbeiterführung befindet.

Unter diesen Bedingungen ist es natürlich im »eigenen« Unternehmen schwer, überhaupt eine außerordentliche Gehaltsverhandlung mit der Chance auf Erfolg zu führen.

Mit dem Argument: »Wenn wir diese Fähigkeiten für diese Sachbearbeiterstelle nicht brauchen, warum sollen wir sie dann bezahlen?« wird man die Aufzählung Ihrer Qualifikationen mit einem Schlag zunichte machen.

Bleiben also nur technische Veränderungen, bei denen Sie als Vorreiter wirken können, neue Verfahren, die – es ist hart – die Zahl der Positionen nicht nur dezimieren, sondern oft halbieren. Zum anderen sind die Verfahren der Arbeitsbewertung gerade in großen Unternehmen sehr aufwendig und jeweils von kurzer Lebenszeit. Der rasche technische Wandel verlangt immer wieder neue Überarbeitungen, die zu Auseinandersetzungen führen können. Insofern bringt die Schnellebigkeit der Unternehmen auch Sachbearbeitern immer wieder Chancen, man muß sie nur rechtzeitig erkennen und nutzen.

Diesem Trend kommen Entwicklungen entgegen, die im gesamten Wirtschaftsspektrum spürbar sind. Die Bildung von »Profitcenters« in den Unternehmen hat dazu geführt, daß die Entscheidungen über Löhne und Gehälter nicht mehr nur von wenigen Personen getroffen werden. So können auch von Sachbearbeitern Fähigkeiten verlangt werden, die relativ selten sind.

> Je seltener Ansprüche und Fähigkeiten auf dem Markt angeboten werden, um so stärker wird Ihre Verhandlungsposition. Die Nachfrage ist sehr wetterwendisch, auch füllen sich Lücken schnell. Sie müssen nur immer die Erste/der Erste sein, die/der diese Möglichkeiten erkennt.

Noch ein Wort zu der Problematik, als Sachbearbeiter eine Führungsposition anzustreben. Hier gilt, daß Sie schon früh wissen müssen, was Sie wollen. So finden sich Hochschulabsolventen oft schnell in verkappten Sachbearbeiterpositionen wieder, vielleicht weil sie EDV-Arbeit mit dem Hobby verwechseln. Gerade Programmierer bleiben stecken und werden unbarmherzig verheizt. Zitternde Hände und nachlassende Konzentration, auch Alkohol zeigen dann schnell ein vorzeitiges Ende der Laufbahn an.

Auch andere Gefahren drohen Sachbearbeitern. Als Beispiel soll die Position eines Arbeitsvorbereiters gelten.
Dies ist eine Position für hochqualifizierte Techniker und Ingenieure, auch Kaufleute (männliche wie weibliche), die hier hervorragende Arbeit leisten. Sie planen, steuern und kontrollieren die Fertigung und werden dafür gut bezahlt – also Sachbearbeiter, die durchaus eine Chance haben, infolge der individuellen Leistung zwischendurch eine beachtliche Gehaltserhöhung zu erlangen.
Die Sache hat aber einen Haken. Je besser sie sind, um so weniger haben sie eine Chance, zum Beispiel zum Abteilungs- oder zum Betriebsleiter aufzusteigen und somit über die Grenze hinaus ein höheres Gehalt zu erlangen. Die Vorgesetzten werden das zu verhindern wissen, denn wer steuert dann das Unternehmen, wenn die qualifizierten Personen aufsteigen?
Ich rate meinen Studierenden immer wieder: Wenn Sie Fertigungs- oder Betriebsleiter werden wollen, dann müssen Sie die Arbeitsvorbereitung voll beherrschen. Also eine Sachbearbeitertätigkeit für ein Jahr, höchstens anderthalb Jahre akzeptieren. Sie ist die Startbasis. Aber dann setzen Sie den Chef unter Druck, um eine Aufstiegsstelle zu erhalten. Er wird schon eine Möglichkeit finden, wenn Sie die neuen Arbeitsvorbereiter anlernen. Ist diese Möglichkeit nicht gegeben, müssen Sie sich in einem anderen Unternehmen um eine Abteilungsleiter- oder Betriebsleiterstelle bewerben – man wird Ihre Arbeitsvorbereitungskenntnisse zu schätzen wissen.
Übertragen gelten diese Erfahrungen natürlich für viele Sachbearbeiterpositionen.

Fall 13:
Gehaltsverhandlung von Diplom-Ingenieuren und -Kaufleuten bei innerbetrieblichen Veränderungen

Nehmen wir die technischen Berufe – hier gibt es die Ebenen des Lehrlings, des Gesellen, des Vorarbeiters, des Meisters, Technikers, des graduierten Diplom-Ingenieurs und des Hochschul-Diplom-Ingenieurs ohne und mit Promotion. Im Betrieb selbst bilden sie aber keine geschlossenen Kasten, sondern es ist vielmehr eine Fülle von Überschneidungen und Übergängen gegeben.

Während jede Stellensuche vom Wunschdenken beeinflußt ist, kennt man hier die Realität. Nehmen Sie Stift und Papier und schreiben Sie auf:

- Was wird in Zukunft von mir erwartet, wenn man für überdurchschnittliche Leistung das Einkommen erhöht?
- Werden Arbeit und Zusammenleben nach der außerordentlichen Gehaltsverhandlung schwerer werden?
- Werde ich die Vorreiterrolle für Trittbrettfahrer betreiben? Wie werden meine Vorgesetzten langfristig darauf reagieren?
- Wird sich das in Schikanen oder in einer anderen unfairen Behandlung niederschlagen?
- Habe ich zusätzliche Fähigkeiten angeboten, die ich erst noch ausarbeiten, erproben muß?
- Finden positive Kontakte, die ich zum Beispiel im Verkauf geschaffen habe, genügend Berücksichtigung?
- Habe ich überlegt, ob meine Vorgesetzten meinen Gehaltswunsch überhaupt akzeptieren können?

Sie werden noch viele Fragen finden, die für oder gegen das Vorhaben, eine Gehaltserhöhung außer der Reihe zu verlangen, sprechen. Wie bei anderen Verhandlungen werden Sie sich klar werden müssen: Welche Höhe der Vergütung ist optimal, welche gerade noch akzeptabel? Welche Grenze will ich nicht unterschreiten?

Wenn Sie in der ersten Stufe »landen« wollen, dürfen Sie nicht mit leeren Händen kommen. Es liegt an Ihnen, Vorschläge zu bringen, wie die Position besser ausgebaut wird. Auch ein Verhandlungsführer muß verantworten, warum er mehr Geld gibt oder verweigert. Sie müssen zeigen, daß Sie Ihre Position schätzen und daß es Möglichkeiten gibt, diese so zu gestalten, daß eine höhere Honorierung gerechtfertigt ist.

Sie wollen ja einen besseren Vertrag aushandeln, also zeigen Sie Bereitschaft zu positiven, zu produktiven Gesprächen. Eine aktive Einstellung, Begeisterungsfähigkeit und Fantasie können mitreißen und die Atmosphäre lockern, so daß am Ende alle Beteiligten nach einer positiven Lösung suchen, die vertretbar ist.

Nach wie vor gilt, daß man in einer Gehaltsverhandlung, auch in einer internen, eine Steigerung von mindestens 10 % anstreben sollte. Sicher ist zum anderen, daß viele Bewerber auch zu wesentlich geringeren Anteilen abschließen.

Wenn die Stimmung positiv ist, fragen Sie den Gesprächsführer:

»Im Raum stehen 10 % als untere Grenze. Sagen Sie mir in meinem speziellen Falle, warum ich weniger verlangen sollte.«

Obwohl eine mit Gehaltsverhandlungen beauftragte Führungskraft solche Antworten vorbereitet haben sollte, zeigt die Erfahrung, daß diese Personen immer wieder ins Trudeln kommen und sich schmunzelnd aus der Affäre ziehen wollen. Ursache ist ein Freudsches Phänomen: Wer selber gern 10 % und mehr Gehalt hätte, kann in der Regel auf derartige Fragen nicht überzeugend kontern. Zu sehr sprechen eigene Bedürfnisse dagegen.

Helfen Sie Ihrem Partner aus der Verlegenheit und liefern Sie ihm Argumente, die übertragen auch für ihn zutreffen, und die entsprechend überzeugend sind:

»Ich will Ihnen sagen, warum ich eigentlich 15 % verlangen sollte:
- Weil in der letzten Zeit soviel Arbeit an mir hängen blieb, daß die normale Arbeitszeit längst nicht mehr ausreicht.
- Weil sich herausgebildet hat, daß ich als Gutmütiger dann, wenn niemand weiterweiß, alles in Ordnung bringen muß, und das möglichst gestern.
- Weil die weitaus meisten unangenehmen Arbeiten auf meinem Tisch landen und ich sie zu lösen habe.
- Weil der Umfang meiner Arbeit um mehr als 15 % größer geworden ist, als er noch vor kurzer Zeit war.
- Weil meine Position an Bedeutung zugenommen hat, da neue Aufgaben und Techniken hinzugekommen sind.

Und nicht zuletzt:
- Weil Sie mich sicher von 15 % runterhandeln, damit wir dann bei 10 % landen.

Ich glaube, daß ich die Erhöhung verdient habe. Daß ich mich in Zukunft weiter voll einsetzen werde, brauche ich wohl nicht besonders zu betonen.«

Vielleicht sollte hier das häßliche Wort vom Trittbrettfahrer gegen das eines »Windschattenfahrers« ausgetauscht werden. Sich eine Weile ziehen lassen, das ist doch der Traum eines jeden Vorgesetzten. Mit einer Einladung zum Windschattenfahren werden Sie sich immer gut verkaufen.

Das ist aktives Vorgehen – die Argumente vorwegnehmen, das ist halbaktiv. Psychologisch richtig vorgehen – das ist die Hohe Schule der Gehaltsverhandlung. Und das gilt natürlich auch und ganz besonders für die oberste Stufe, für Gehaltsverhandlungen mit Spitzenkräften.

Fall 14:
Gehaltserhöhung von Spitzenkräften

Es wird gemunkelt, daß die Erhöhungen von Aufwandsentschädigungen und anderen Entgelten für Vorstandsmitglieder, für die der Ausschüsse, natürlich auch für Politiker in Parlamenten und anderen Gremien ähnlich entstehen, wie bereits für den »kleinen und größeren« Angestellten beschrieben.

Einer macht den Vorreiter und behauptet, in Japan oder Nordamerika – es muß nur weit weg und schlecht kontrollierbar sein –, würden die Mitglieder ähnlicher Vereinigungen wesentlich mehr Einkommen haben. Im Interesse der Bedeutung der Bundesrepublik müßte man dem unbedingt abhelfen. Es wird eine Zahl in den Raum geworfen und – siehe da, über alle möglichen Mißstimmungen hinweg fangen alle an zu nicken. Sind Ihnen auch solche Fälle bekannt?

Nur schade, wir gehören nicht zu diesen Kreisen, die ihre Einkommen selbst bestimmen, obwohl sie eigentlich »abhängig« sind. Sie handeln wie jene Geschäftsführer-Gesellschafter, die früher oder später durch zu hohe Entnahmen ihre Unternehmen in Schwierigkeiten bringen.

Dieses Verhalten schafft eine beachtliche Zugwirkung, jeder einzelne wünscht sich dann ähnliche Steigerungen – ohne Rücksicht auf das Ganze.

> Bei Spitzenpositionen findet man oft ein erstaunlich niedriges Grundgehalt plus Zulagen und eine beachtliche Gewinnbeteiligung. Hier wird nicht der Bilanzgewinn als Basis eingesetzt, sondern der Gewinn vor Steuern plus die erwirtschafteten Abschreibungen, was der Finanzkraft des Unternehmens entspricht. So findet man »Lohn nach Leistung« in den oberen Etagen viel häufiger, als das in mittleren und unteren Ebenen der Fall ist.

Auch bei Verkaufsleistungen gelten ähnliche Bedingungen. Man wird nicht den Umsatz als Basis nehmen, sondern Gewinn oder besser Wertschöpfung, die Wertsteigerung, die eingekaufte Produkte in Fertigung, Handel und Verkauf erzielen. Weil derartige Abrechnungen schwierig sind, wird man die Anteile prozentual umrechnen – so kann ein Produkt den Verkäufern 1 % vom Umsatz bringen oder auch 5 % und mehr, wenn es hohe Gewinne abwirft und gefördert werden soll.

Ziel ist ein bewußter Wandel zum Verkauf tragfähiger Leistungen. Während es für den Anfänger sehr schwer ist, hier durchzublicken (man nennt Summen, die Kollegen verdienen – wenn das Geschäft gut geht!), wissen »alte Hasen« über jedes Detail Bescheid, natürlich auch darüber, wie die Berechnungen im einzelnen zustandekommen.

Die Verhandlungen in »Gehaltsfragen« nehmen deshalb im kaufmännischen Spitzenbereich eine ganz andere Form an, als uns bisher bekannt ist. Es wird sehr selten um Provisions- und andere Prozente gefeilscht, denn diese sind ja Teile der Kalkulation – das Aufbrechen eines Systems könnte unüberschaubare Folgen haben. Ausnahmen finden sich, wenn neben einer Standardpalette Einzelobjekte bearbeitet und verkauft werden. Dann ist es üblich, entsprechend der Mitwirkung des Verkäufers eine Pauschalsumme oder einen Prozentanteil auszuhandeln.

Für einen *Verkaufsleiter* kann die Aufnahme eines zusätzlichen Produkts, das von ihm eingeführt und gefördert wurde, eine beachtliche Gehaltserhöhung bedeuten – einfach über Verkaufsprovisionen. Natürlich verdient auch das Unternehmen dabei gut. So wird die Gehaltsverhandlung die Form einer Programmbesprechung haben, bei der fast nebenher festgelegt wird, wie in der Kalkulation die Höhe der Provision anzusetzen ist.

Gleiches gilt für jede Förderung des Programms oder eine Ausweitung des Verkaufsgebietes. Neue Aufgaben bedeuten zusätzlichen Einsatz, aber auch zusätzliche Einkünfte, andere dagegen werden an Bedeutung verlieren.

Es gibt an der Spitze natürlich auch Positionen, bei denen eine »Leistungsbeurteilung« oder ein »Gehalt nach Leistung« nicht so einfach festlegbar ist. Dort ist es vor einer Gehaltsverhandlung wieder wesentlich, daß die Aufgaben nach der ursprünglichen Vereinbarung aufgelistet werden, in einer Ergänzungsliste dazu die Tätigkeiten, die hinzukamen. Für jeden einzelnen Bereich ist der Erfolg nachzuweisen.

Eigentlich ist das nichts weiter als eine Überarbeitung und Erweiterung der Stellenbeschreibung; sie ergibt zusätzlich eine gute Grundlage für ein Zwischenzeugnis, das Sie sich nach jeder Gehaltsverhandlung ohnehin erbitten sollten. Sie verwenden maschinengeschriebene Listen, deren Kopien Sie aus der Hand geben und die als Belege auch nächsthöheren Instanzen vorgelegt werden können. Je besser Sie Ihre Bedeutung für das Unternehmen belegen können, also den direkten Nachweis bringen, was Sie zur Erfüllung der Ziele beitragen, welchen Verlust das Unternehmen durch Ihr Weggehen erleiden würde, um so besser sind Ihre Voraussetzungen.

Sie werden dabei eine Fülle von neu erworbenen Fähigkeiten finden, die Ihnen noch gar nicht bewußt geworden sind, und darüber nachdenken, wie Sie diese vermarkten können. Das gilt natürlich besonders für Kaufleute (mehr als für andere Führungskräfte), die ganze Kundenkreise »mitziehen« können, wenn sie zur Konkurrenz abwandern.

Sie müssen jedoch immer damit rechnen, daß man Sie mit Ihren Gehaltswünschen böse abblitzen läßt – aus welchen Gründen auch immer. Diese Überprüfung der eigenen Fähigkeiten verlockt ohnehin zu erproben, was Sie auf dem Markt wert sind. Tun Sie sich keinen Zwang an, denn Sie mindern Ihr Gesamtrisiko und stärken Ihr Selbstbewußtsein, wenn Sie erkennen, daß Ihre Chancen auch anderswo gut sind. Auch kann die Offerte einer anderen Firma der letzte Trumpf, das letzte Verhandlungsmittel sein, das man einsetzt, um in der bisherigen Firma zu bleiben und doch angemessen mehr zu verdienen.

So haben Verhandlungen bei Spitzenkräften eine Reihe positiver Effekte, die in niedrigeren Positionen nur selten zu finden sind. Deshalb zum Schluß eine Methode, auf die Sie auf keinen Fall hereinfallen sollten.

Sie treten zur Verhandlung über ein höheres Einkommen an, man begrüßt Sie feierlich. Ihr Verhandlungspartner strahlt:

»Ich habe Ihr Anliegen den Inhabern vorgetragen und bin auf wohlwollende Aufnahme gestoßen. Ihre Ergebnisse sind nicht unbekannt und unbemerkt geblieben. Ich kann Ihnen heute die Urkunde mit der Ernennung zum ›Abteilungsdirektor‹ überreichen. Sie werden sehen, daß dieser Titel mit einer bedeutenden Erweiterung Ihrer Aufgaben verbunden ist.
Wo Sonne ist, da wird jedoch auch Schatten sein. Leider müssen wir Ihnen mitteilen, daß wir eine Gehaltserhöhung auf wirtschaftlich bessere Zeiten und die dann möglichen besseren Betriebsergebnisse verschieben müssen. Wir sind sicher, daß Sie mit allen Ihren Kräften dazu beitragen, dieses bedeutende Ziel zu erreichen.«

Hoffentlich kommen Sie nie in die Lage, sich dann sagen zu müssen:

»Da stehe ich nun, ich armer Tor, mit mehr Arbeit als zuvor und nicht mehr Geld, aber einem Titel. Wie verberge ich ihn nur, damit man sich bei der nächsten Bewerbung nicht totlacht. Oh Gott, wie komme ich nur aus dieser Patsche heraus!«

Lassen Sie Vernunft walten. Schlucken Sie dreimal tief, man wird es für Ergriffenheit halten. Bedanken Sie sich artig und schwören Sie in Ihrem tiefsten Inneren alle Rache, zu der Sie fähig sind. Glauben Sie mir, das hilft bei solchen Niederlagen.

Die Absicherung von Verhandlungsergebnissen

Sie sind zum Ziel gekommen, haben erreicht, was Sie wollten – mehr Einkommen und eine Verbesserung der Position.
Besonders wesentlich: mehr Geld <u>und</u> eine Veränderung Ihrer Rolle im Unternehmen, in Ihrer betrieblichen Situation. Allein mehr Geld zu erhalten ist oft den Aufwand nicht wert. Sie müssen zusätzlich in eine Situation kommen, die nicht endgültig ist, bei der Sie immer wieder, bei jeder Veränderung der Strukturen, Ihre Chance wahrnehmen können. Ich weiß, wie schwer das ist, sich darüber klar zu werden.

Die Ergebnisse sind deshalb – hier bei innerbetrieblichen Gehaltsverhandlungen – in drei Unterlagen und Absicherungen, die Sie am besten selbst formulieren, schreiben und vorlegen, festzuhalten. Sie können dabei ruhig an die »Grenze« gehen, notfalls wird man die eine oder andere Aussage abmildern, einen Kompromiß finden.

Die erste Absicherung: eine neue Stellenbeschreibung
Sie haben den Umfang Ihrer Tätigkeit für die Gehaltsverhandlungen ja ohnedies auflisten müssen, nun bauen Sie diese und mögliche neue Befugnisse in ihre alte Stellenbeschreibung ein. Sie werden sich natürlich der im Haus üblichen Form anpassen.

Die Stellenbeschreibung sollte mindestens folgende Punkte enthalten:

1. Name und Position beziehungsweise Dienstrang mit Abkürzung
2. Aufgaben- und Arbeitsbereiche
3. Tätigkeitsbereiche im Detail
4. Über- und Unterstellungen
5. Weisungsbefugnisse
6. Verantwortungen im Innenbereich
7. Aufgaben im Außenbereich
8. Mitarbeit an allgemeinen Planungen und deren Realisierung
9. Außerordentliche Aufgaben

Mit der neuen Stellenbeschreibung haben Sie Ihre Position im Haus geklärt und eine Basis für die weitere Entwicklung geschaffen.

Die zweite Absicherung: das Zwischenzeugnis
Wenn nun schon Ihre Leistungen im Detail durchgesprochen und mit einer Erhöhung des Einkommens honoriert wurden, ist es praktisch zwingend, dies in einem Zwischenzeugnis festzulegen und für zukünftige, eventuell schlechtere Zeiten festzuhalten.

Sie haben ohnedies bei der Vorbereitung Ihre Zeugnisse auf zweifelhafte Formulierungen durchsehen müssen. Sie sind über den letzten Stand – auch rechtlich – informiert. Suchen Sie sich unter den Mustern ein passendes Zeugnis aus und verändern es so lange, bis es allen Ihren Ansprüchen genügt.
Auch dieses Zeugnis ist eine Basis für die Zukunft. Zeigen Sie Ihren Entwurf Freundinnen und Freunden, jeder sachkundigen Person, die nicht zum Betrieb gehört. Wie bei der Stellenbeschreibung haben Sie ja bei den Vorarbeiten bereits alle wesentlichen Fakten gesammelt.
Auch ein gutes Zwischenzeugnis ist eine Basis für weitere Laufbahnstufen – nicht nur im eigenen, im innerbetrieblichen Bereich, sondern auch bei Bewerbungen.

Die dritte Absicherung: die Ergänzung zum Anstellungsvertrag
Hier können Sie sich kurz fassen:

> In Ergänzung zum Anstellungsvertrag vom ... übernimmt nach der Übereinkunft vom ... mit Herrn/Frau ... Herr/Frau ... zusätzlich die folgenden Aufgaben: ...
> Sein/ihr Gehalt wird außertariflich um monatlich/jährlich DM ... angehoben. Außerdem werden folgende Vergünstigungen gewährt: ...

Mit Datum und Unterschrift, zusätzlich mit der Stellenbeschreibung und dem Zwischenzeugnis, ist eine klare Übereinkunft getroffen. Es darf nichts Vereinbartes fehlen. Wie weit man mit juristischer Spitzfindigkeit geht, hängt vom Partner ab. Es gibt Personen, die dies ablehnen, und solche, die auf Feinheiten stolz sind.

Bei Ersteinstellungen und beim Stellenwechsel sind die Ergebnisse der Gehaltsverhandlungen Bestandteil des Arbeitsvertrages. Doch das ist bereits ein neues Thema. Festzustellen ist hier nur, daß es sehr schwer ist, Arbeitsverträge abzuändern – in der Regel ist das nur bei der Beschreibung der Tätigkeit und bei der Höhe des Gehalts möglich, das wir ausgehandelt haben.

Was unternehmen, wenn die Verhandlung scheiterte?

Es gibt nur zwei Möglichkeiten: kräftig schlucken und in der Firma bleiben oder dasselbe tun, aber sich in Ruhe nach einer anderen Position umsehen.

Bestimmt werden derartige Entscheidungen im wesentlichen durch die Art, wie Sie als »Bewerber« für eine Einkommenserhöhung von Ihrem Verhandlungspartner behandelt wurden.

Der Abschmetterer

Anstatt Ihnen einen höflichen Brief zu schreiben, aus welchen Gründen zur Zeit eine Gehaltsverhandlung keine Chance hat, und Sie auf später zu vertrösten, läßt man Sie kommen, lehnt sich zurück, sagt kein Wort und läßt Sie erstmal stottern. Wenn Ihr Gesprächspartner meint, Sie hätten genug geredet, sagt er:

»Spüren Sie eigentlich nicht, daß es bei der derzeitigen Lage der Firma eine bodenlose Frechheit ist, mir die Zeit zu stehlen und für Ihre magere Leistung auch noch mehr Geld zu verlangen? Wenn Sie jetzt nicht gleich verschwinden, vergesse ich mich!«

Tip:

Lassen Sie sich nicht provozieren, packen Sie Ihre Unterlagen zusammen und verlassen wortlos den Raum. Sprechen Sie nie wieder davon – und suchen Sie sich eine Firma mit Vorgesetzten, die Sie zu schätzen wissen. Es gibt keinen anderen Weg. Klarheit ist auch ein wesentliches Ergebnis.

Der Einkommensdrücker

Leistung ist Arbeit je Zeiteinheit. Wenn für eine bestimmte Arbeit eine Stunde gebraucht wird – zum Beispiel für 10 Einheiten –, aber 12 Einheiten Leistung in dieser Stunde verlangt werden, dann hat man den Lohn je Einheit gedrückt.

Einkommensdrücker sind die Freundlichkeit in Person. Sie werden Ihnen zuhören und dann sagen:

»Niemand wird bestreiten, daß Sie eine gute Durchschnittsleistung bringen. Dafür bekommen Sie ein gutes Gehalt. Für Spitzenleistungen können wir auch Spitzenlöhne, Spitzengehälter zahlen. Dann müßten Ihre Resultate aber um mindestens 20 % besser sein! Versuchen Sie es mal, in einem halben Jahr können wir dann drüber reden. Okay?«

Tip:
20 % mehr Leistung und 5 bis 10 % mehr Gehalt, das ist ein Geschäft für den Betrieb, nicht für den, der mehr Gehalt will. Wenn Sie im Moment nichts Besseres haben, versuchen Sie es trotzdem – 10 % mehr Leistung, 10 % mehr Gehalt. Und prüfen Sie: Was ist Ihre Leistung anderswo wert?

Der Dauerjammerer
Das ist der Verhandlungsführer, der Sie mit einer Fülle von Argumenten und Vergleichen in die Flucht schlagen will. Meist jammert er so überzeugend, daß Sie den Eindruck haben, weit überbezahlt zu sein und noch etwas abgeben zu sollen:

»Wir hatten doch gerade eine Gehaltserhöhung, eine Materialverteuerung, auch die Transportkosten gingen in die Höhe. Und da kommen Sie und wollen auch noch mehr Geld! Die Kostenschere wird immer gefährlicher, wir kommen noch in tiefrote Zahlen. Unmöglich, jetzt an Gehaltserhöhungen zu denken!«

Tip:
Sie wissen ja, mit wem Sie es zu tun haben. Geben Sie Ihrem Partner recht und fangen Sie an, genauso zu jammern. Vielleicht können Sie doch noch eine kleine Steigerung herausholen oder zumindest die Zusage, wiederkommen zu dürfen, wenn die Bilanz zeigt, daß die Firma doch ein beachtliches Plus gemacht hat.

So ließe sich die Typologie immer weiter fortsetzen – aber das ist unproduktiv. Wenn ein Vorgesetzter nicht will – und sei es aus der Angst heraus, daß das ganze Gehaltsgefüge aufbrechen könnte –, wie wollen Sie ihn zwingen, doch angemessen zu entlohnen?

Nicht einmal mit einer Kündigung kann man Druck ausüben, denn wer ist nicht ersetzbar?

Sicher sind es oft die Bedingungen, die eine Gehaltsverhandlung zum Scheitern führen. Oder der Verhandlungspartner ist das, was man »fies« nennt. Aber möglicherweise lag es auch an Ihnen, haben Sie Fehler begangen: den falschen Zeitpunkt, die falschen

Worte, das falsche Vorgehen gewählt? Man sollte Fehler nicht immer bei anderen suchen, sondern auch das eigene Verhalten auf den Prüfstand stellen.

Das sollte natürlich nicht in Selbstzerknirschung enden. Sie haben Mut bewiesen, sind aktiv geworden, es hat nun mal nicht auf Anhieb geklappt. Morgen ist auch noch ein Tag. Eine neue Chance – nutzen Sie sie besser!

Checkliste:
Habe ich in der Gehaltsverhandlung meine Möglichkeiten ausreichend genutzt?

	ja	nein
Habe ich meine Vorbereitungen vollständig und gründlich zusammengestellt und verinnerlicht?	☐	☐
Bin ich so sicher geworden, daß ich auch in schwieriger Situation meine Haltung nicht verlieren werde?	☐	☐
Hält das aufgebaute Fundament aus Einstellung und Leistung auch einer kritischen Betrachtung stand?	☐	☐
Habe ich die Vergleichswerte zur Hand, um schnell und sicher kontern zu können, Belege zu präsentieren?	☐	☐
Was habe ich zu bieten? Sieht man mir an, daß ich meiner Sache sicher bin und gewinnen werde?	☐	☐
Kann ich in der Verhandlung mein Anliegen isoliert darstellen, so daß der anderen Seite Vergleichsmöglichkeiten fehlen?	☐	☐

	ja	nein
Sind die Aussagen so vorbereitet, daß eine jede Argumentation glaubhaft klingt und überzeugen kann?	☐	☐
Habe ich Zwischenzeugnisse und andere Unterlagen parat, mit denen ich Beurteilungen beweisen kann?	☐	☐
Habe ich die zu große Bescheidenheit abgelegt, um auch einmal für mich selbst etwas zu erreichen?	☐	☐
Habe ich zu wichtigen Personen nicht nur sachliche Kontakte, sondern auch persönliche Beziehungen aufgebaut?	☐	☐
Sind vor der Verhandlung Logik und Verstand, Intuition und Emotionen, die Instinkte in Hochform?	☐	☐
Habe ich vor der Verhandlung mental alle Vorgänge imaginiert, vor meinem inneren Auge ablaufen lassen?	☐	☐
Kenne ich als Vergleichswerte die Daten der Tarifverträge, um bei Fragen nicht erst suchen zu müssen?	☐	☐
Kann ich Beispiele bringen, in welcher Art in anderen Unternehmen Leistungsprämien gezahlt werden?	☐	☐
Weiß ich genau, was orts- und branchenüblich ist, auch bei verwandten Berufszweigen und in benachbarten Orten?	☐	☐
Kenne ich alle Details der möglichen Einstufungen der Tarife und der dabei erreichbaren Bezüge?	☐	☐

	ja	nein
Wenn Sie Sachbearbeiterin/Sachbearbeiter sind: Weiß ich, daß der Weg zu mehr Geld über eine Führungsposition geht?	☐	☐
Bin ich in der Lage, in der kurzen Zeit der Gehaltsverhandlung meinen Gesprächsführer zum Mentor umzuwandeln?	☐	☐
Weiß ich ausreichend genau, was in den einzelnen Positionen im Betrieb verdient wird – Gehalt und Zulagen?	☐	☐
Kann mich die Gehaltsverhandlung aus einer Stabsposition in eine Linienposition mit Aufstiegschancen bringen?	☐	☐
Habe ich die Gehaltsverhandlung minuziös nach Zeitablauf geplant und halte ich mich auch daran?	☐	☐
Habe ich den Mut, die Führung des Gespräches zu übernehmen, wenn es »aus dem Gleis« zu geraten droht?	☐	☐
Bin ich bereit, eine zusätzliche Ausbildung zu akzeptieren, wenn diese in eine besser bezahlte Position mündet?	☐	☐
Ist es mein Ziel, die körperliche Arbeit zu reduzieren und dafür Geschick und Kopf besser einzusetzen?	☐	☐
Bin ich bereit, den Vorreiter zu spielen, wenn man mir die Chance dazu bietet, um »Trittbrettfahrern« zu nützen?	☐	☐
Werde ich mich weigern, meine sonstigen Einkünfte, zum Beispiel aus Vermögen, »anrechnen« zu lassen?	☐	☐

	ja	nein
Kann ich Ausbildungs- und Arbeitslosenzeiten so begründen, daß sie immer vorteilhaft genutzt sind?	☐	☐
Werde ich zugeben, mich mit einem Stellenwechsel befaßt zu haben, wenn ich innerbetrieblich verhandle?	☐	☐
Habe ich Fragen nach der Gesundheit so vorbereitet, daß sie der Wahrheit entsprechen, aber positiv sind?	☐	☐
Werde ich in der Verhandlung hart genug sein, erst ein Angebot abzuwarten, bevor ich eigene Wünsche nenne?	☐	☐
Trenne ich genau Gehalt und Gesamtvergütung, mit klarer Detaillierung?	☐	☐
Werde ich Angst, Schwäche und Unsicherheit verbergen können, wenn es zu einer härteren Auseinandersetzung kommen sollte?	☐	☐
Erkenne ich die Grenzen, die für diese Verhandlung gelten? Komme ich nahe genug an sie heran?	☐	☐
Verhandle ich konsequent, aber ohne einen zu hohen Druck, der Gegenwehr aktivieren könnte?	☐	☐
Beachte ich, daß bei jeder Gehaltsverhandlung Arbeitsplatzsicherheit vorrangig sein kann?	☐	☐
Stelle ich seltene Befähigungen entsprechend heraus, vor allem wenn man sie nicht schnell ersetzen kann?	☐	☐

	ja	nein
Trage ich Sorge dafür, daß ich in einer Stabs- oder Sachbearbeiterposition nicht »verheizt« werden kann?	☐	☐
Weiß ich, welche Folgen positiv beziehungsweise negativ ablaufende Gehaltsgespräche haben können?	☐	☐
Habe ich die Gründe, warum ich mehr Geld haben will, auch schriftlich zusammengestellt, um sie vorzulegen?	☐	☐
Weiß ich schon, wie ich mich für eine beachtliche, eine gute und eine magere Gehaltserhöhung bedanken werde?	☐	☐
Bin ich darauf vorbereitet, wenn man mich mit einem »Titel ohne Mittel« abspeisen will?	☐	☐
Habe ich die Unterlagen – neue Stellenbeschreibung, Zwischenzeugnis und Ergänzung des Anstellungsvertrages – vorbereitet?	☐	☐
Weiß ich, wie ich reagiere, wenn alles schief läuft und ich mit meinen Wünschen abblitze?	☐	☐

Für ganz eilige Leser: Wie führe ich erfolgreich eine Gehaltsverhandlung?

Eine Zusammenfassung in 10 Stufen

1 Die Grundvoraussetzungen erfolgreicher Gehaltsverhandlungen liegen im geschickten Präsentieren von Arbeitsresultaten, von Vergleichsmöglichkeiten zu anderen Positionen und Unternehmen und in der Wahl des richtigen Zeitpunkts. Selbst Rezessionen sind kein Hemmnis, wenn Sie die Lösung eines schwierigen Problems aufzeigen können.

2 Es sind zum einen die Erbringung von vertraglichen und zusätzlichen Leistungen des Bewerbers zu unterscheiden, zum anderen die Aufteilung des Gesamteinkommens in Lohn oder Gehalt und zusätzlichen Leistungen (im Detail). Beide sind in ihrem Stand zwischen der letzten und der derzeitigen Gehaltsverhandlung aufzulisten und zu kommentieren.

3 Es ist klarzustellen, was der Bewerber/die Bewerberin zu bieten hat. Bei Berufsanfängern sind Zeugnisse, bei Stellenwechslern Berufszeugnisse und Referenzen, bei innerbetrieblichen Verhandlungen Beurteilungen von Engagement und Arbeitsresultaten von besonderer Bedeutung und vorrangig zu präsentieren.

4 Hinzu kommen – wie bei Verkaufsverhandlungen – ein sicheres Auftreten sowie eine Körpersprache, die die Leistungsbelege verstärken. Ein Positiv-Image muß sehr gute Ergebnisse für die Zukunft erwarten lassen. Der richtige Partner zur richtigen Zeit ist zu überzeugen, daß ein nach Wichtigkeit sortiertes Angebot entscheidende Vorzüge bringt.

5 Es ist zu zeigen, was dem Bewerber/der Bewerberin die Position und das Einkommen wert sind. Es muß das Optimale

erreicht werden, ohne den Bogen zu überspannen. Es ist zu demonstrieren, daß man die »richtige Haltung« hat. Beim Gespräch darf man nicht mit leeren Händen auftreten; alles, was Bedeutung hat, wird schriftlich belegt.

6 Zur praktischen kommt die mentale Vorbereitung. Mit Imagination und Ablaufkontrolle wird die Verhandlung noch einmal durchdacht und auf Schwächen überprüft. Bei der Verhandlung selbst – auf allen Ebenen – gilt es, auch bei Unstimmigkeiten zuvorkommend vorzugehen, sich nicht provozieren und zu Aggressivität verleiten zu lassen.

7 Gemeinsam sind Leistungen, Resultate und Möglichkeiten durchzugehen und zu überprüfen, in welcher Form eine Verbesserung des Einkommens möglich ist, ohne gleich das gesamte Gehaltsgefüge anzuheben. Zum anderen wird über zusätzliche Aufgaben oder auch Ausbildungen gesprochen. Wenn Hilfen von angestellten Verhandlungspartnern kommen, kann auch eine Vorreiterrolle akzeptiert werden.

8 Basiszahlen und Grundsatzbedingungen aus Tarifen müssen bekannt sein, vor allem die Einstufungen sind zu nutzen. Oft bedeutet eine Anhebung im Rahmen der Vorgaben eine bedeutende Einkommenserhöhung. Das gilt auch dann, wenn die Sachbearbeiterebene und die Stabsfunktionen verlassen werden können und eine Linienfunktion erreicht wird, für die bessere Aufstiegsmöglichkeiten gegeben sind.

9 In allen Gehaltsverhandlungen, vor allem in betriebsinternen, kann das allgemeine Verhandlungsgeschick und das Durchsetzungsvermögen besonders eindringlich demonstriert werden. Eine Gehaltsverhandlung ist insofern ein Beurteilungsgespräch.

10 Ein geschickt aufgesetztes Dankschreiben und das Versprechen zu Loyalität und Leistung können einen guten Eindruck verstärken, dem Betroffenen Türen öffnen, die sonst verschlossen blieben. So kann mit gekonnten Gehaltsgesprächen eine Kettenreaktion eingeleitet werden, bei der zu jeweils neuen Aufgaben erhöhte Bezüge kommen. Können muß man sich nicht nur erarbeiten, es muß auch demonstriert werden.

Gehälter und Einkommen der Bundesbürger und -bürgerinnen (Stand 1995)

Es ist sehr schwierig, klare Aussagen darüber zu treffen, was in Deutschland monatlich/im Jahr verdient wird. Damit sind nicht nur die Unterschiede zwischen den alten und den neuen Ländern gemeint, sondern auch die der Länder untereinander, die zum Teil stark voneinander abweichende Tarife haben. Zum anderen hängt die steuerliche Belastung vom Familienstand ab; oder bestimmte Berufe, wie zum Beispiel der eines Fotomodells oder eines Tänzers, können nicht ein Leben lang ausgeübt werden.

So sind zwei Tabellen vorzustellen: ein Überblick der Monatseinkommen nach Gehaltsstufen und ein Überblick der Lebenseinkommen für einen ausgewählten Kreis. Die angegebenen Monatsgehälter sind brutto gerechnet, also vor Abzug der Steuern, aber einschließlich der sonstigen Gehaltsbestandteile, wie zum Beispiel Tantiemen und Weihnachtsgeld. Gleiches gilt für die Lebenseinkommen, dort sollen jedoch zusätzlich die Nettoeinkommen nach Lebensleistung genannt werden, wobei die derzeitige Steuerbelastung angesetzt wurde.

Die Grundlagen wurden Tarifverträgen und anderen Vereinbarungen, Veröffentlichungen der großen Beratungsgesellschaften, Presseveröffentlichungen sowie denen der Verbände entnommen und auf das Jahr 1995 hochgerechnet. Grundlage sind die Einkommen von Arbeitern, Angestellten und Beamten; die Einkünfte der Selbständigen könnten bei 0 liegen oder bei einem zu versteuernden Millioneneinkommen, sie könnten auch Verluste aufweisen, die die Arbeit von Jahren auffressen. Zum anderen ist gerade bei Lebenseinkommen, also dem, was in über 40 Jahren verdient wird, die Wirkung von wirtschaftlichen und staatlichen Eingriffen groß, die Veränderung der Einkommen von Ärzten und Apothekern ist ein typisches Beispiel dafür.

Was wird in Deutschland verdient?

% aller Beschäftigten	Monatseinkommen brutto	Personenkreise	Beispiele
0,7	über DM 20 000,–	Zahnarzt Bundeskanzler Bundespräsident Geschäftsführer Medizinprofessor Vorstandschef Tennisprofi	30 000,– 40 000,– 40 000,– 50 000,– 100 000,– 200 000,– 1 000 000,–
1,9	DM 12 000,– bis DM 20 000,–	Regierungspräsident Apotheker Bundestagsabgeordneter Oberbürgermeister Personalchef Pilot IG-Metall-Chef Geschäftsführer (Mittelbetrieb)	11 000,– 15 000,– 15 000,– 15 000,– 15 000,– 15 000,– 17 000,– 18 000,–
5,5	DM 8000,– bis DM 12 000,–	Architekten, Ingenieure, Geschäftsführer kleinerer Unternehmen, selbständige Handwerker, Technische Leiter in Betrieben und Behörden, Werbegraphiker, Polizeipräsidenten, Professoren, Schuldirektoren	
7,0	DM 6000,– bis DM 8000,–	Manager kleinerer Betriebe, Finanzbeamte, Lehrer, Techniker, EDV-Sachbearbeiter, Kaufleute, Makler, Zweigstellenleiter, Meister und Montageleiter	
20,6	DM 4000,– bis DM 6000,–	Angestellte, Handwerker, Lehrer, Bankkaufleute, Bibliothekare, Drucker, Fernfahrer, Fremdsprachenkorrespondenten, Chefsekretärin, Stewardeß	

% aller Beschäftigten	Monatseinkommen brutto	Personenkreise	Beispiele
35,0	DM 2000,– bis DM 4000,–	Verkäufer, Floristen, Buchhalter, Bürokaufleute, Friseure, Fließbandarbeiter, Gärtner, Kellner, Mechaniker, Kranführer, Zimmerleute, Tischler	
29,3	unter DM 2000,–	Raumpflegerinnen, Auszubildende aller Bereiche, Näherinnen, Hilfskräfte aller Art, Aushilfen	

Lebenseinkommen ausgewählter Beschäftigungsgruppen

Beruf	Ausbildung	Lebenseinkommen in Mio. DM	
		brutto	netto
Arzt	Studium	6,2	3,8
Politiker	Keine detail. Anforderung	5,4	3,8
Elektriker, selbständig	Lehre, Meisterbrief	5,5	3,6
Journalist	Studium	4,7	3,5
Werbefachmann	Studium	4,4	3,4
Versicherungsvertreter	Keine	7,1	3,1
Koch	Lehre	3,9	2,8
Hochschullehrer	Studium	3,7	2,7
Lehrer	Studium	3,1	2,1
Schauspieler	Hochschule	2,3	1,9
Pfarrer	Studium	2,0	1,5
Fotomodell	Keine	2,0	1,4
Meine Lebenseinkünfte:			

Anmerkungen:
Durch marktwirtschaftliche Einflüsse (Ärzteschwemme) dürften in den nächsten Jahren die Ärzte ihre Spitzenstellung verlieren oder bereits verloren haben. Politiker dagegen bestimmen ihr Einkommen selbst und werden es trotz Widerständen ausbauen.
Rechnen Sie trotz aller Unwägbarkeiten Ihr Lebenseinkommen hoch, es ist letztlich die Summe aller Ergebnisse Ihrer Gehaltsverhandlungen.

Literaturverzeichnis

Back, Ken und Kate: Durchsetzungstraining. Heyne, München

Birkenbihl, Vera F.: Psycho-logisch richtig verhandeln. mvg, München

Dittrich, Helmut: Kommunikation – Schlüssel zum Erfolg. Humboldt, München

ders.: Sich besser bewerben, erfolgreicher vorstellen. Langen-Müller/Ullstein/Herbig, München

ders.: Mehr Erfolg bei Prüfungen. Econ, Düsseldorf

ders.: Berufe mit Zukunftschancen. Humboldt, München

ders.: Erfolgsgeheimnis Zeiteinteilung. Humboldt, München

ders.: Arbeitszeugnisse schreiben und verstehen. Humboldt, München

ders.: Besser lesen, verstehen, behalten! Humboldt, München

ders.: Jeder kann Karriere machen. Humboldt, München

ders.: Gesprächsführung – professionell und überzeugend. Humboldt, München

Fisher, Roger, William Ury: Das Harvard-Konzept – sachgerecht verhandeln, erfolgreich verhandeln. Campus, Frankfurt – New York

Gollnow, Christian: Praktische Mitarbeiterbeurteilung. Heyne, München

Jones, Alan: Die erfolgreiche Gehaltsverhandlung. Campus, Frankfurt – New York

Kanchier, Carole: Mut zum Stellenwechsel. Econ, Düsseldorf

Knebel, Heinz: Das Vorstellungsgespräch. Haufe, Freiburg im Breisgau

Krauss/Groß: Wer verdient wieviel? expert/Taylorix

Lanner, Helmut: Vorstellungsgespräche – mit Erfolg. Humboldt, München

Mehrmann, Elisabeth: Präsentation und Moderation. Econ, Düsseldorf

dies.: Die überzeugende Präsentation. Humboldt, München

Register

Abschmetterer 112
Absicherung 13, 19, 110
Absolventen 81
Absolvententreffen 11
Absprung 65
Absteiger 57
Abverkauf 81
Aggression 62, 96
Alibi 91
Altersfrage 92
Altersgrenze 63, 65, 99
Anfangsgehälter 79
Anfangsvertrag 22
Angleichung 94
Angst 53
Anstellungsvertrag 111
Anzeigen 13
Arbeitgeberangebot 56
Arbeitsbewertungen 24
Arbeitsgesetze 75
arbeitslos 62
Arbeitsmoral 20
Arbeitsplätze 68
Arbeitsplatzrisiko 98
Arbeitsplatzsicherheit 36, 85, 91
Arbeitsresultate 119
Arbeitsumfang 33
Arbeitsvertrag 111
Arbeitsvorbereiter/-in 103
Argumentation 82, 94
Argumente 53
Arroganz 45
Aufbrechen eines Systems 107
Aufgabenerweiterung 109
Aufgabenumfang 17
Aufstiegs-Dauerposition 15
Aufstiegsmöglichkeiten 79
Aufstiegsphase 89
Aufstiegsstelle 103
Auftragsschwemme 84
Auftreten 34, 63
Ausbildung 85, 87
Ausbildungsstand 37
Ausbildung, innerbetrieblich 100
Ausgleich 97
Auszubildende 73
Ausbildungsvergütung 74

Basisentlohnung 73
Basiszahlen 94
Bauernfängertrick 93
Bedürfnisse 42
Belanglosigkeiten 63
Belastung 86
Belastung, steuerlich 121
Belegschaftsaktien 22
Beratungsunternehmen 58
Berufsanfänger 72
Berufsentwicklung 15
Berufserfahrung 86
Berufsimages 62
Berufszeugnisse 119
Betriebsberater 65
Betriebsfahrzeuge 81
Betriebsleiter 103
Beurteilung 36
Beurteilungsgespräch 120
Beurteilungsliste 36
Bewerbungstechnik 55
Beziehung 70
Beziehungsebene 70
Bittsteller 50
Blender 38, 44
Bonität 87

Chance 109
Charisma 47
Chiffre 41

Dankschreiben 40, 120
(Dauer-)Bestform 79
Dauerjammerer 113
Details der Bezüge 96
Dienstweg 55
Dilletant 51
Diplom-Ingenieure 104
Diplom-Kaufleute 104
Diskussionen 56
Dominanz 61
Druck 100
Dumping-Preise 90
Durchschnittsleistung 20, 65
Durchsetzungsfähigkeit 37

Effektivität 36
Eigeninitiative 41
Eignungen 22
Eignungsprofil 12
Einfühlungsvermögen 46
Einkommen 54, 121ff.
Einkommensdrücker 112
Einkommenserhöhung 18
Einkommenslevel 97
Einkommensvorstellung 67
Einstand 89
Einstiegsposition 77
Einzelanforderungen 14
Elektronik 89
Emotionen 70
Engagement 32, 85
Entscheidungen 56
Ernennung 109
Ersatzbeschaffung 21

Register

Facharbeiterebene 85
Fachvorgesetzte 55, 59
Fähigkeiten 12
Familienstand 121
Fehler bei Gehaltsverhandlungen 84
Firmenverträge 80
Fluktation 21
Formulierungen 25, 111
Freudsches Phänomen 105
Führung 83
Führungserfahrungen 23
Führungsposition 17
Führungsverhalten 34
Führungserfahrung 86, 93

Garanten 97
Gefühle 72
Gehalt 21, 121ff.
Gehalt nach Leistung 36, 108
Gehaltsbevollmächtigte 68
Gehaltserhöhung 29, 57
Gehaltsgefüge 113, 120
Gehaltshöhe 42
Gehaltsskala 51
Gehaltsstufen 121
Gehaltsverhandlungen 13, 29
Gehaltsvorstellungen 57
Gehaltszusammenstellungen 68
Geld 61
Gerechtigkeit 61
Gesamteinkommen 10, 119
Gesamtrisiko 108
Gesamtvergütung 20, 95
Geschäftsführer 60
Geschäftsführer-Gesellschafter 106
Gesprächsbereitschaft 63
Gesprächsführer/-in 58, 97
Gewinnbeteiligung 22, 106
Gewinner 37, 79
Gewinnüberlegungen 50

Gleichgewicht 64
Gründerunternehmer 23
Grundgesetz 49
Grundvergütung 73

Haltung 120
Harmonie 72
Hochschulen 99
Hochwechseleffekte 23
Hochwechseln 21
Hochwechsler 23
Honorierung 105

Image 47
imaginieren 71
Indiskretion 50
Inkompetenz 26
innere Emigration 37
Innungsbetrieb 75
Instinkte 70
Interessen 45
Intrigen-Gegner 23
Intuition 16, 29, 50

Jahres-Gesamtbezüge 10

Karriere 26
Karrieresprung 17
Karriereschub 41
Kaufleute 75
Klima 95
Klugheit 49
Kollegen- und Kolleginnenkreis 101
Kompromiß 27, 110
Kondition 45
Konkurrenten 40
Könner 38
Kooperationsbereitschaft 37
Körpersignale 58
Körpersprache 119
Kosten 61, 100
Kreativität 48
Kundenkreis 108

Laufbahn 70
Lean Management 11
Lebenseinkommen 101, 121
Lebenslauf 62

Lebensplanung 15
Lebensstellung 17
Lebenszyklus 14
Leistungsbereitschaft 90
Leistungsbeurteilungen 61f., 69
Leistungsprämie 74
Leistungsumfang 17f.
Level 78
Linienfunktion 120
Lohngefüge 100
Lohn nach Leistung 107

Machtpoker 50
Manager 27
Mangelware 99
Marktforschung 77
Marktpreis 11
Mehrleistung 28
Meister 75, 85
Mentaltraining 71
Mentor 79
Mindesbeschäftigungszeiten 24
Mitarbeiter 53
Mitarbeitereigenschaften 33
Mitarbeiterführung 102
Mitarbeitergespräche 33
Mobilität 60
Mut 17

Nachfolger 70
Nachfrage 102
Nachwuchsförderung 24
Nieten 78

Objektivität 36
Oldies 92

Partner 55, 61
Partnerschaftlichkeit 38
Pauschalsumme 107
Peinlichkeiten 96
Personalberatungsfirmen 10
Personalbogen 75
Personalchefs 96
Persönlichkeit 101
Pleite 87
Position 27

Register

Positiv-Image 47, 119
Praktikanten 80
Präsentation 51
Preisverhandlung 59
Preis 93
Probezeit 16, 78
Professorenlaufbahn 79
Profis 51
Programmierer 103
Profitcenter 102
Pubertät 15

Qualifikation 81, 102
Qualifikation, zusätzliche 101

Rangordnung 57
Referenzen 119
Reflexreaktionen 95
Rentenalter 90
Resultate 28, 32
Risiko 25f., 64

Sacharbeiterebene 78
Sachbearbeiter/-innen 75, 101
Sackgasse 91
Schreibkraft 101
Schwachpunkte 38, 59
Schwerpunkte 14, 65
Sekretärinnen 76
Selbstbeurteilung 45
Selbstbewußtsein 45
Selbstdisziplin 17
Selbstheilungskräfte 79
Sieben-Jahres-Stufen 15
Sieger 37
Solidarität 90
Spesenkonto 22
Spezialist 93
Spielraum 88
Spitzenkräfte 106

Spitzenleistungen 112
Spitzenleistungsfähigkeit 15
Sprechweise 46
Stabsfunktionen 120
Stellenanzeige 41
Stellenausschreibungen 86
Stellenbeschreibungen 12, 77, 110
Stellenwechsel 12, 22, 84
Stimmung 64
Strategie 53

Taktik 53
Tantiemen 121
Tariferhöhungen 78
Tarife 120
Tarifverträge 11, 73
Teamarbeit 37
Technik 67
Techniker 75, 85
Technologie 98
Theoretiker 79

Überschätzung 25
Überstundenliste 64
Umschulung 98
Umzüge 60
Umzugskosten 28
Unentschlossenheit 67
Ungleichbehandlung 49
Unterhaltszahlungen 90
Unternehmensberater 65

Veränderungen 14
Vergünstigungen 22
Verhalten 34
Verhandlungsgeschick 42, 120
Verhandlungspartner 44, 58, 120

Verhandlungsposition 40, 57
Verkäufer 41
Verkaufsangebot 42
Verkaufsargumente 39, 42
Verkaufsleiter 107
Verschleißerscheinungen 99
Vertragsabschluß 54
Voraussicht 69
Vorbereitung 51
Vorbereitung, mental 120
Vorbereitungszeit 20
Vorentscheidung 98
Vorgesetzte 48, 69
Vorleistung 28
Vorreiter 89
Vorschläge 104
Vorschlagswesen 48
Vorstandsmitglieder 106

Wagemut 62
Wegsehen 96
Weihnachtsgeld 121
Werdegang 16
Wertschöpfung 107

Zeitplan 10, 83
Zeitpunkt 119
Zeitschriften, berufsbezogen 11
Zeugnis 25, 88
Zielstrebigkeit 83
Zugeständnisse 58
Zusage 41
Zusatzeinkommen 48
Zusatzleistungen 21
Zusatzqualifikation 99
Zusatzschulungen 99
Zwischenzeugnis 24, 88, 108, 110

Weitere Titel aus dem humboldt-Programm

Beruf

Allgemein
Buchführung – Schritt für Schritt	ht 211
So schreibt man Geschäftsbriefe	ht 229
Wege und Tips zur Existenzgründung	ht 498
Arbeitszeugnisse schreiben und verstehen	ht 573
Prüfungen – mit Erfolg!	ht 582
Arbeitslos – was nun?	ht 597
Berufe mit Zukunftschancen	ht 604
Erfolgsgeheimnis Zeiteinteilung	ht 624
Vom Umgang mit Chefs und Kollegen	ht 662
Kommunikation – Schlüssel zum Erfolg	ht 682
Alles über Computerberufe	ht 683
Der andere Weg zum Erfolg	ht 701
Verhaltenstraining im Beruf	ht 706
Telefonieren – professionell und überzeugend	ht 720
Gesprächsführung – professionell und überzeugend	ht 721
Kündigung. Von Abfindung bis Zeugnis	ht 735
Managers Wife, Managers Life	ht 748
Zukunftschance Weiterbildung	ht 757
Mehr Kohle. Alles über Nebenjobs	ht 758
Bürokorrespondenz – professionell und überzeugend	ht 938
Überzeugend frei reden. Sprach- und Rhetoriktraining	ht 942
Geschäftsbriefe und Reden. Eine Mustersammlung	ht 946
Das Marathonprinzip. Das Programm für Konzentration und Kreativität	ht 954

Bewerbung
So bewirbt man sich	ht 255
Sich bewerben und vorstellen	ht 537
Die perfekte Bewerbung!	ht 665
Vorstellungsgespräche – mit Erfolg!	ht 690
Bewerbung für Selbstbewußte. Bewerbungstips von A bis Z	ht 734
Lebenslauf und Karriere	ht 783

Frau und Beruf
Rückkehr ins Berufsleben	ht 680
Erfolgreich und zufrieden: Frauen im Beruf	ht 681

Recht & Geld
Testament und Nachlaß	ht 514
Das korrekte Testament	ht 594
Ratgeber Privatversicherungen	ht 678
Arbeitsrecht	ht 705
Die Scheidung	ht 746
Die Versorgungslücke schließen. Optimal gesichert ins Alter	ht 787